U0927907

理财周刊

理财周刊系列丛书

100个你不知道的财富秘密

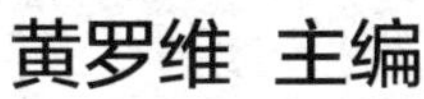

黄罗维 主编

上海远東出版社

图书在版编目(CIP)数据

100个你不知道的财富秘密/黄罗维主编. —上海：上海远东出版社，2016
（《理财周刊》系列丛书）
ISBN 978-7-5476-1105-0

Ⅰ. ①1… Ⅱ. ①黄… Ⅲ. ①经济学—通俗读物
Ⅳ. ①F0-49

中国版本图书馆CIP数据核字(2016)第106050号

责任编辑 陈占宏
装帧设计 李 廉
漫 画 小黑孩

《理财周刊》系列丛书
100个你不知道的财富秘密
黄罗维 编

出 版 上海遠東出版社
（200235 中国上海市钦州南路81号）
发 行 上海人民出版社发行中心
印 刷 昆山亭林印刷有限责任公司
开 本 710×1000 1/16
印 张 16.75
字 数 309,000
版 次 2016年6月第1版
印 次 2020年1月第2次印刷
ISBN 978-7-5476-1105-0/F·576
定 价 39.80元

总 策 划

周 虎　汪 标

编 委 会

（按姓氏笔画排序）

汪 标　陈 列　陈 跃
周 虎　黄罗维　戴庆民

前言

一直以来，我们都有着这样的愿望，那就是能够更多地揭示投资市场的真相，让读者能够通过《理财周刊》的文章，找到正确的理财之道。这10多年来，我们也在坚持不懈地努力，力争不放过市场中的任何蛛丝马迹。每当听闻有投资理财失败的案例发生，同仁们就会聚在一起仔细研究分析，希望能够找到问题的症结所在。经过长时间的探究，大家终于达成了一个共识，在投资理财领域有着太多隐藏在深处的“秘密”，极易让投资者“误入歧途”。

首先拿银行的理财师来举个例子。说起“理财”这个词，许多人很快就会联想到那些西装革履的理财经理，他们笑容可掬侃侃而谈，通过一系列公式和数字的推导，为你“精算”出一个个理财方案，让人不得不对他们的“专业精神”顿生敬意。然而你有没有想过，这些理财经理的话真的可信吗？按照他们的建议去投资理财，收益率就会更高吗？

细细推敲一下，我们发现最后的真相往往是令人失望的，原来不少理财经理只不过是在玩数字游戏，说到底就是用数字玩障眼法。在不知不觉中偷换了原来的概念，最后到你明白过来时，却已经来不及了。

其实不仅仅是这一领域，在我们的日常理财生活中，很多方面都会遇到相类似的问题。比如在当前市场上，购买基金的投资者肯定为数不少，然而基金投资是一项颇具技术含量的工作，需要对基金的方方面面有一个全面的了解，不然就会进入投资的误区。但在很多时候，对于许多投资者来说信息渠道并不畅通，因为即使是那些看上去非常专业的基金公司，也不会把自己产品的真实情况完完全全地告诉你。

再更多地想一想，你使用信用卡时，有没有仔细考虑过使用信用卡的成本呢？由于有些信用卡中心在相关条文上含糊其辞，使得不少人忽略了刷卡的实际成本，在不知不觉中付了许多“冤枉钱”；在二手房市场淘房同样也要留点神，特别是在市场成交低迷的情况下，不少房产中介的招数很可能会让你吃亏上当；

网络购物也不例外，由于其独具的虚拟特性，它也给商家带来了不少“诱惑”消费者的空间，包括虚假广告、网上欺诈等等。与此同时，在拍卖市场摸爬滚打的人都知道，拍卖中的陷阱何其多，即使竞拍者发现自己上当受骗，常常也是索赔无门。

如果搜索的范围更为宽泛一些，可以发现在像旅游、创业以及时下最为热门的互联网金融等等领域，我们都会遇到相类似的尴尬。许多投资者往往在还没有弄清投资项目的来龙去脉之前，就误打误撞跟风入市，结果吃了不小的亏。

无论如何都应该把市场的来龙去脉告诉广大读者，这次在《理财周刊》编辑部的统一安排下，记者们兵分几路深入调查，最终在互联网金融、基金、银行理财、保险、电商、信用卡、房产中介、旅行社、拍卖、连锁加盟等10个领域，为你发掘出100个不为人知的“秘密”。其中的许多都经过实地调查，并结合了生动的案例，相信你读完之后，一定会受到不小的启发，避免误打误撞跌入那些预设的陷阱。

当一个又一个谜底被彻底揭开，在恍然大悟的同时其实也要给自己提个醒：理财绝不是数字游戏，在投资理财市场不要盲从，更不能迷信那些所谓的专业机构，相信自己才是关键。投资成功的要诀在于通过深入的学习和了解，厘清市场的方方面面，最后作出自己独立的判断。

所谓知己知彼百战不殆，当前投资市场变幻莫测，只有更为全面和详尽地掌握多方面信息和知识，才能在市场中立于不败之地。《理财周刊》作为一本专业的理财杂志，在今后也会给大家更多这方面的提示，让你可以少走弯路，更多地获得由投资理财带来的回报。

黄罗维

2016年5月

目录

互联网金融不会告诉你的10个秘密

基金公司不会告诉你的10个秘密

银行理财经理不会告诉你的 10 个秘密

保险代理人不会告诉你的 10 个秘密

电商不会告诉你的 10 个秘密

信用卡的 10 个秘密

房产中介不会告诉你的10个秘密

旅行社不会告诉你的10个秘密

拍卖行不会告诉你的10个秘密

连锁加盟经理不会告诉你的10个秘密

互联网金融不会告诉你的10个秘密

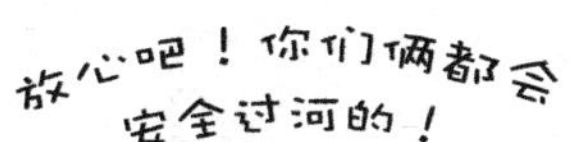
放心吧！你们俩都会
安全过河的！

收益
本金
P2P

救命啊！我的本金和
收益全泡汤了！

互联网金融掀起了一股创新潮！然而在这股热潮的背后却是荆棘丛生，“不迷信、不轻信”是我们每位投资者应当秉承的态度，毕竟投资市场有着它基本的规律和规则。

如果要评选近几年的理财关键词，非“互联网金融”莫属。在互联网巨头——支付宝的带领下，一场新的金融革命铺天盖地地席卷开来，其速度与力度足以让金融界人士瞠目结舌。

——支付宝在 2013 年 6 月携手天弘基金推出余额宝，数据显示，截至当年 10 月，余额宝开户数已超过 1 600 万户，货币基金累计申购超过 1 300 亿元，已经是中国最大公募基金和货币基金，短短 4 个月内占领了货币基金超过 10% 的份额。

——10 月 28 日，百度金融首款理财产品“百发”上线，在四个多小时内，销售已超过 10 亿元，参与购买用户超过 12 万户，首批创始会员额度已满。

——据不完全统计，2011 年，全国 P2P 平台大概有 50 家，截至 2015 年 12 月底，这个数字达到了 2 595 家；网贷行业 2012 年全年成交量约 200 亿元，而 2015 年全年达到 9 823 亿元。与此同时，平安、招行等传统金融机构也开始上线 P2P 产品。

巨大的市场号召力让互联网找到了下一个商机，从门户网站、电商到第三方支付平台纷纷涌入了这个叫做“互联网金融”的战场中。

无法否认这是一个伟大的时刻，这也许将是被载入历史的一年，依托于互联网及移动互联网技术，金融脱媒终于逐渐实现，传统金融机构正向供应商的角色转变。

无法否认互联网金融的惊人能量，前所未有的低门槛、超级的灵活性，将一大批理财的门外汉带入了这个市场，打造出巨大的增长潜力。

同样无法否认的是，在互联网金融中各种问题开始显现。

一是盲目的扩张，不管你有没有先天优势，不管你有没有客户积累，各种网站奋勇而起，做门户的、搞搜索的、卖电器的，纷纷加入到互联网金融的大军中，卖产品、做贷款，是的，跑了马圈了地再说。正是这样的原因，导致了互联网金融中产品单一雷同，余额宝成功了，70% 的互联网产品中也带上了一个“宝”字，每家大鳄都宣称自己在搭建平台，其实就是找家基金公司一起销售货币基金。在这个过程中，价格战成为了制胜的法宝——是活期存款收益的 XX 倍、无风险、补贴收益……监管的缺位同样棘手。作为一个新生事物，央行、银监会、证监会、保监会，到底谁来监管互联网金融，现行的监管政策对互联网金融是否有效？

在每一场技术变革中，消费者都是受益者，互联网金融也不例外。然而，投资这桩事情又有些例外，它与投资者的资产、利益直接相关，在展望互联网金融美好愿景的同时，不迷信、不轻信是我们每位投资者应当秉承的态度，毕竟投资市场有着它基本的规律和规则。相信此次揭晓的互联网金融的 10 个秘密，能够帮助你拨开眼前的迷雾。

1 创新之举有“包装”

互联网理财产品在其运作上确实有不少亲民性，如灵活转换、低门槛，等等，但其本质上只是把一些货币基金、理财基金进行了再包装。其实，不少互联网理财产品的创新只是噱头，投资者千万不能被一些宣传上的“包装”弄花了眼。

案例

“每天看一眼收益就挺开心的。”从事广告工作的朱女士对余额宝就有着这样的切身体会。虽然每天的收益都不会很多，但她也感觉是一种小幸福，“反正小钱闲着也是闲着，原本我就经常逛淘宝买东西，支付宝里有时也会存点钱。”确实，一笔闲钱买理财产品不太够，投在余额宝之类的互联网产品里既比定期方便，又比活期收益高。不少人都像朱女士一样认为，这样的理财产品创新确实不错，弥补了市场的一部分空缺。

这不，退休在家的许先生最近也开始关注互联网理财产品。“以前总收到银行的广告短信，说是有5%、6%左右的理财产品，现在看看好像网上买的收益率更高。”但让许先生困扰的是，最近各家机构推出的理财产品花样越发繁多，作为普通投资者的他，对如何挑选互联网上的理财产品感觉很是头痛。“收益率一个个都公布得挺高，实在是让我挑花了眼，也不知道到底靠不靠谱？”

分析

眼下，互联网金融正炙手可热。各式各样理财产品不断出现，对于那些偏好低风险低门槛的普通投资者来讲，余额宝、活期宝、易付宝以及“百发”等理财产品，一经推出无不成为关注的热点，“尝鲜”的也是大有人在。

但其实，作为互联网和金融的联姻产物，这些看似新鲜的理财产品，其本质大多是投资者熟悉的基金。电商平台借助理财产品为其客户做增值服务，如创新T+0、免费银行转账等，提高自家用户的使用体验，以此留住老用户、吸引新用户。而就金融产品本身而言，其数字化的属性也非常适合在互联网上发展。

因而我们才会看到，无论是电商还是金融机构，都希望在时下获得更多的资源和先机。于是不管是基金公司的直销渠道，还是基金销售的第三方支付机构都在积极地推广各类相似的产品。据不完全统计，市场上现有的新型理财产品已有数十种之多。

而事实上，传统银行同样拥有很多类似的理财产品，只不过银行并未以更通俗易懂、更简易的操作方式让投资者接触到这类理财产品，反而让其混在大量固定期限的理财产品中。

点评

应该说，互联网理财产品的创新更多地体现在其销售渠道、流动性、功能性等应用方面，而非产品本身。撇开这些外在的创新不提，其内在的收益和风险都与传统产品相差不多。举例来说，眼下较热门的几款互联网理财产品大多只是绑定几款基金，在货币基金中属中等水平。简单的选择未必能挑到收益最好的，只能说是一种低门槛、易上手、碎片式的“懒人理财”。

同时，这类产品在推广时往往会将本金安全、收益与活期存款比较，但事实上其安全度仍比不上存款，收益率也会经常波动。因而，投资者究竟要选择哪个产品，还是要看自身的需求，收益也要关注挂钩基金的表现，千万不能被一些宣传上的“包装”弄花了眼，以至于盲目作出投资选择。

2 低风险≠无风险

无风险、高收益——这几乎成为了互联网产品的“标准特质”，然而这种不规范的宣传方式不仅有违规之嫌，也容易对投资者形成误导。所以，投资者非常有必要了解其中的“真相”。

案例

在“百度金融中心——理财”首款产品“百发”的预热环节，“百发”的宣传一石激起千层浪。在前期宣传中，“百发”被描述为一款年化收益率高达8%的无风险产品。

事实上，略有投资常识的人立刻产生了质疑。

首先，“百发”是一款与华夏基金合作的货币基金产品，以货币基金的平均收益水平来看，达到8%的年化收益率实属于偶然的情况，要想在整个投资期内保持这一水平的收益率，是一件难以预期的事情。

其次，按照宣传中的描述，这款产品“无风险”，对于一个自由的市场来说，如果无风险利率能够达到8%，难以想象出风险产品的收益率要达到怎样的水平?!

从监管角度来看，“百发”合作的货币基金产品既无法归类于“无风险”产品，也无法允诺投资者某一个收益回报，与银行理财产品所不一样的是，即使预期收益率的提法也违反了基金产品的相关监管要求。

因此，“百发”虽然在短时间内迅速吸引了大量眼球，但这种违规的产品宣传方式立刻引起了证监会的关注。随后，“百发”迅速撤回了前期宣传，在10月28日的产品正式首发中也没有出现“无风险”、“年化收益率8%”的宣传。

分析

目前市场上推出的互联网理财产品数量不少，但是总体上类型还比较单一，主要集中在货币市场基金和短期理财基金上。

以风险属性来看，货币基金和短期理财基金都属于较低风险的品种，它们的主要投资范围包括现金、定期存款、大额存单、债券、债券回购、央票等。一方面，不容易给投资者造成本金的损失；另一方面，可以为投资者带来一定的收益，但具体的水平要视货币市场的水平而定。如很多货币基金将业绩比较基准设置为一年定期存款的税后收益，也有一些货币基金的业绩比较基准为活期存款，但2013年以来由于市场的资金面供应趋紧，整体上货币基金的收益处于较高的水平，超过4%，在月末、季末等特殊时点甚至达到7%的水平。

对于投资者来说，既要对货币基金、理财基金的这种收益风险特点有所认知，也要意识到，产品的收益要取决于市场环境，并非毫无风险可言。无论是在我国还是在发达国家，货币基金均曾出现过净值低于1的情况，当摊余成本法估算的货币基金价值与代表公允价值的影子价格偏离过大时，货币基金就面临一定的风险。

因此，“低风险”和“无风险”是两个不同的概念。我们可以引入银行理财产品对低风险产品做出的三种划分——保本固定收益产品、保本收益浮动型产品和不保本收益浮动型产品，现在互联网平台上所推出的理财产品应属于“不保本、收益浮动型”产品。

点评

互联网理财账户的安全，也是投资者们需要密切注意的问题。在享受互联网理财的便利之余，安全问题同样不容忽视——网站是否具有充分的安全防卫措施？有没有足够的认证手段？投资者自身在使用时也需要保持良好的习惯，如不使用公共场所的网络进行操作，不轻易将自己的密码告诉他人，采用复杂的认证手段，等等。

3 产品收益并非一成不变

收益高达活期存款的20倍！在不少互联网理财产品的宣传中，都可以看到类似的手法。但是，投资者很容易因此忽视的是，这些理财产品的收益是随行就市的，收益率水平会随着市场的变化而浮动。

案例

互联网理财产品的“火”点燃起不少投资新人的理财热情，小连就是其中的一员。尤其是“收益高达活期存款的××倍”，让他觉得格外有吸引力。小连工作的时间不长，收入也不算高，有一点储蓄也都是呆在活期账户上，一是准备着交房租、还信用卡，二是钱不多，够不上那些理财产品的门槛。

投资灵活、收益高、门槛低，这些理财之“宝”正满足了小连的需求。他也用自己活期账户的2万元购买了一款互联网理财产品。观察账户的净值变化也成为了小连的一桩乐事。

不过，小连很快就发现，理财产品的收益并不一直像自己以为的那样高，同时收益也不稳定，有时高有时低。

分析

互联网搭建起了新的理财平台，但投资者有必要厘清的是，自己所投资的产品究竟是什么，收益又是如何来确定的。

像很多互联网理财产品的实质是与货币市场基金进行了“链接”，包括支付宝的“余额宝”、天天基金网的“活期宝”、金融界的“盈利宝”、众禄的“现金宝”，等等，投资者购买了这些产品，其实就是认购了某一只货币市场基金。如“余额宝”与天弘基金进行合作，投资者实际上是购买了天弘增利宝货币基金；“活期宝”采用了一对多的模式，投资者可以选择南方现金增利货币A、华安现金富利货币A、宝盈货币A及长城货币A等货币基金产品；客户存入“盈利宝”的资金相当于申购了鹏华货币基金；众禄的“现金宝”，其背后是海富通货币基金。因此，这些产品的收益率准确地来说，是指货币基金的七日年化收益率。如10月25日，“余额宝”的七日年化收益率为4.811 0%，是活期存款利率(0.35%)的13.74倍。但是，七日年化收益率是一个浮动的值，每天公布的数据水平都不相同，与活期存款利率的所谓倍数关系并不是一成不变的。如在货币市场资金供应紧缺时，收益率水涨船高；反之，市场平均的收益率水平就会下降。此外，货币市场基金的收益率水平也与基金策略、久期等密切相关。

点评

事实上，七日年化收益率并不是体现这些理财产品收益的最好指标。原因是，七日年化收益率所代表的是基金过去7天的盈利水平信息，并不意味着未来收益水平，也不能完全代表信息披露当日的收益率水平。这是一个平均值，如果过去7天中某一天收益忽高或忽低，对平均值的影响也会很大。

投资者们可以重点关注的是货币基金的“日万份基金单位收益”。这个指标的含义是：货币基金每天运作的收益平均摊到每1单位份额上，然后以1万份为标准计算净收益的结果。这也是投资者按日计息的计算基础。

4 补贴回报凑出高收益

在互联网平台上，一些产品能够提供"高出一筹"的收益率，原因在于其收益结构的特殊性——常规收益＋补贴收益。这种方式，既吸引了投资者，又规避了监管。但对于补贴收益，只能使用特定的方式才可获得。

案例

小胡是互联网理财达人，最擅长的是在各种理财平台上精挑细选。这段时间，他对互联网上销售的理财保险产品兴趣浓厚，小胡说，理财保险产品的优势不少。一是产品的选择多，像在淘宝的理财频道，就已经吸引了多家保险公司的入驻，产品也比较丰富；二是具有投资和保障两种功能，在投资期间还可提供一定的保障；第三点最为重要，那就是收益率显著的"高出一筹"。

小胡推荐了一款曾经热销的理财保险，投资期为一年，其预期收益率最高可以达到6.4%。

分析

不过，如果我们认真研究这款收益率高出一筹的理财保险的话，就会发现和大部分人所预期的有不小的差异。

作为一款万能险产品，保险公司给出的预期年化收益率最高为5.2%；在此基础上，投资者投资每1 000元可以获赠1 200集分宝。需要标注一下的是，集分宝是由支付宝提供的积分服务，具有现金价值，100个集分宝可抵扣1元钱。这就相当于每投资1 000元获得的集分宝相当于12元的购买力，换算为收益率的话相当于1.2%的返还。因此，两项收益相累加，在实现预期年化收益率的前提下，这款投资期为一年的产品，其收益率能够达到6.4%。

当然，集分宝有多种用途，如在淘宝网、天猫商城等网站抵现金购物、还信用卡、缴水电煤等。这种赠送的性质，有点类似于生活中一些电信运营商推出的促销活动，如充值100元话费赠送一桶油或是一袋米。尽管积分回馈计入总收益并没有问题，但与传统意义上的收益形式还是不一样的，投资者有必要进行区分和了解。

另外，对于理财保险需要补充一句的是，在产品销售时，万能险仅能够保障最低的收益率水平，大约为2.5%左右(年化)，其宣传的预期最高收益率只是一个"预期"的概念，结果出现偏差也属于正常情况。

点评

互联网的特性，为理财产品提供了新的收益形式。除了集分宝外，有的基金销售网站，在销售基金时按照原费率收取基金申购费和赎回费，再以虚拟货币的方式返还给投资者，供投资者兑换成话费或是货币基金的份额。

在一些理财产品的发行中，为了达到眼球经济，甚至不惜准备采用收益补贴或是资金杠杆的方式，使得收益率超出平均水平，从而引起投资者关注。

在互联网理财风生水起的当下，各路豪杰拿出了十八般武艺，说到底为的就是抢占市场、扩大份额，从某种意义上说，变相提高的收益率就是一场肉搏的价格战。但是，和消费品所不一样的是，理财投资不仅要遵循市场的客观规律，也要受到更加严格的监管与控制。投资者需要认清的是：各种收益结构背后，到底能够为自己带来怎样的回报；对于一些超乎寻常的高收益，其可持续性如何。那些明显越界的产品，还是少碰为妙。

5 不适合长期投资需求

互联网理财产品大多集中在短期理财和低风险品种当中，类型较为单一。对于财务全面部署和长期规划来说，这样的产品并不足够，投资者应有更多元化的考虑。

案例

随着互联网理财产品的逐步升温，看着身边的不少“小伙伴”都把钱投进了各式各样的“宝”里，何女士也有些心痒难耐。虽然对基金是什么还一窍不通，何女士还是一口气把自己的5万元闲钱都投进了一款互联网理财产品当中。看着每天账户里的资金收益都在一点点地增长，何女士颇有些乐不可支：“没想到也有我可以轻松投资的理财产品，不愧是理财‘神器’！”以此为依据，何女士还打算今后一有闲钱就投到这款理财产品当中，“又方便又有效，以后投得多了赚得更多”。

分析

像何女士这样的投资者其实并不在少数，但必须指出的是，这样的投资行为有着盲目跟风、方式单一的问题，并不可取。一方面，这样的投资者对于所购买的产品是什么、如何盈利、收益为何波动均不了解，首先就无法正确分辨其好坏、认识其风险；另一方面，把资金全部集中投向某一种理财产品，更是不能有效地防范投资风险，也难以获得理想的投资收益，是投资理财中的大忌。

可以看到的是，新兴的互联网产品确实带来了诸多新鲜感，但其目前的整体情况是产品类型较为单一，大多集中在短期理财和低风险品种当中。从产品周期来看，这一类理财产品无疑只能满足一部分人的一部分理财需求，而对于财务全面部署和长期规划来说，这样的产品则并不足够。

再从风险的角度而言，对于每位投资者来说，其风险承受能力的客观评价是进行理财产品配置的基础，只有选择了与个人投资风格匹配的产品才能获得长久、稳定的理财收益。应该说，低风险的产品并不适合所有人，目前的互联网理财产品也很难“赚大钱”，于是势必无法满足较大、较长远的理财目标。

点评

所以，建议投资者对长期闲置的资金有一个配置的理念，而不是全部购买短期的互联网理财产品。一些投资者因为一时新鲜、懒于花心思等原因，就过分依赖这类所谓的互联网理财“神器”，长期来看是缺乏合理性的。

因此，投资者首先要对自身的资金情况、投资目标有所了解和规划，然后再进行较为多样化的投资组合。选择互联网理财产品的同时，要不忘将高收益、高风险型和低收益、保本稳健型的理财产品进行混搭。在投资期限上，也应尽量有所错开，区分好灵活短期的投资产品和较长期的投资产品。特别是对于风险承受能力和学习能力都较强的年轻人而言，“懒人理财”往往并非是最有效的投资手段，至少绝不是全部。投资者可以多了解和学习各类金融理财工具，把资产配置与经济周期结合起来，也不必过于保守。如此一来，才能真正发挥投资理财的作用，获得收益和风险间的有效平衡。

6 P2P“保本”存风险

现在,P2P 可是个非常热门的词语,其保本保息的说法“看上去很美”,但高收益势必带来较高风险,投资者应明确认清这一点,并确保自身具有较高的风险承受能力。不然,还是少碰这样的产品为妙。

案例

由于觉得没有什么好的投资产品,邹先生前几年在一个朋友的推荐下,决定尝试 P2P 网贷。和其他的尝试者一样,邹先生一开始只投了最低门槛的 5 万元,然而一个月后他就拿到了第一笔利息。在这样“看得见、摸得着”的回报鼓舞下,邹先生渐渐越投越多,8 万元、10 万元……但让他没想到的是,不到一年的时间,邹先生投标的 P2P 网贷平台突然就崩溃了,宣布倒闭,邹先生前后投资的近 15 万元钱一下子血本无归。“这一下我可傻眼了,真是悔不当初啊!”邹先生十分懊恼地告诉笔者。

“收益远远高于银行理财产品,门槛仅 5 万元,并且零风险。”无独有偶,章先生最近也时常收到类似的广告短信,向他推销各种 P2P 理财产品,并号称零风险、高收益。但对此,章先生颇有些吃不准:“真的会有收益这么高又零风险的产品存在吗?”

分析

目前,不少 P2P 网络贷款公司都打着“保本”甚至“保息”的宣传口号,而投资者们也因此仿佛对 P2P 网贷十分信任,放心地将钱投入了这些 P2P 网贷公司。

其实,P2P 网贷是指个人通过网络平台相互借贷。即由具有资质的网站(第三方公司)作为中介平台,借款人在平台发放借款标的,投资者进行竞标向借款人放贷的行为。那么原本 P2P 仅作为撮合交易的平台,也就无法作出本金甚至利息保障的承诺。

但目前,国内诸多的 P2P 网络贷款公司都纷纷作出了类似的保本承诺。比如所谓的“本金保障”，是指从每笔借款中计提一定比例(一般为 2%)作为风险准备金。出现坏账，则先用资金池的资金垫付，再由公司去催收。若坏账高于风险准备金时，则会暂停垫付，等待新提取的准备金出现后再做垫付。据此，一些 P2P 网贷机构把获得的债券进行拆分组合，打包成“类固定收益”的产品，并将其销售给投资理财客户，通过赚取资金的利息差和手续费来运营。

业内人士指出，这样的模式就隐藏了不小的风险。一是借贷人违约。借贷人如果能从银行获得贷款，大多就不会到 P2P 平台上来融资，15%甚至更高的利率，借贷人需要赚多少利润才能还清？因此，违约风险不可忽视；二是 P2P 平台经营风险，就像案例中邹先生的遭遇一样，由于 P2P 网贷发展迅速、鱼龙混杂，一旦该公司经营出现问题、倒闭跑路，在缺乏监管的现状下投资者也很难追回损失。

点评

可见，就像章先生所担忧的一样，任何一款投资理财产品都是有着相应风险的。对于 P2P 网贷这样尚处发展中的产品来说，随之而来的高风险更是无法避免。保本保息的说法往往只是“看上去很美”，投资者绝不能将其看作是低风险的固定收益类产品，反而应首先确保自身具有较高的风险承受能力。

如果要选择 P2P 网贷，投资者就要针对可能的风险做好相应的防范工作，对于 P2P 网贷公司的选择、考察都十分重要。之后，投资者还可重点关注 P2P 公司对借款人信用信息的采集能力，对借款人信用信息采集及验证方面的工作越深入、投入越大，投资者安全性就越有保障。另外，P2P 平台是否对违约人具备有效、合法的惩戒手段，也是约束并减少借款人违约的重要途径。

7 有些担保并不靠谱

到目前为止，除了少数资金实力雄厚、风控体系健全的行业领军企业，不少企业推出的担保方案还只是一件看上去很美，却经不起推敲的营销噱头。一旦信用风险大规模袭来，“担保不保”将极有可能成为残酷的现实。

案例

2011年年初，徐女士初次听闻互联网P2P信贷理财业务，抱着试试看的心态，她在一家网贷平台注册后，借给一个淘宝卖家5 000元，借款期限为3个月。到期后贷款人准时还款，扣除平台管理费，徐女士获得了180元利息，折合年化利率高达15%。此后，徐女士又陆续通过该互联网信贷平台出借了几笔钱，都按时收回了本利。然而2012年后，P2P行业中出现了一些P2P公司倒闭事件，让徐女士开始感到有些担忧。此时，不少P2P公司开始由单纯的平台中介转型成担保中介，承诺万一贷款人无法偿还资金，担保公司将垫付本金。这一承诺像一颗“定心丸”，重新俘获了徐女士的芳心。

分析

P2P业务在英国初创时，互联网平台只提供牵线搭桥收取佣金的功能，并不承担担保责任，这种模式之所以能在欧美国家顺利运行，与他们透明健全的信用体系和国民极高的诚信素养有密切联系，然而中国目前的社会诚信环境欠佳，又缺乏可靠透明的征信系统，使得通过互联网牵线搭桥出借资金的行为面临巨大的信用风险，久而久之，除了拍拍贷等少数最早开展业务，如今已形成品牌效应的互联网信贷公司坚持走平台路线外，大部分后起之秀不得不由单纯的平台P2P转型为担保P2P，即向借款人承诺本金垫付，这样才能吸引到投资人。如今，平台承诺垫付已成了行业“标配”。

然而P2P公司宣称的担保真是投资人的“定心丸”吗？答案恐怕是否定的。

目前的P2P担保模式主要有三种：一是P2P平台以自有资金作担保，或者出资成立担保公司。然而由于P2P行业准入门槛较低，许多公司的资金实力孱弱，担保能力自然也十分有限，自保等于无保，更多的只是在自己的头上安上一个担保光环，装点门面而已。一旦风控失衡，这种承诺完全是一纸空头支票。而且根据法律规定，从事融资性担保业务必须取得担保资质，这种做法显然踩过了法律红线。

第二种是引入第三方担保机构。表面上看似乎更靠谱些，实际上同样面临法律风险。因为有担保资质的担保公司从风控成本考虑，往往要价很高，P2P平台根本无力承担，而那些开价可以接受的小贷公司不具备担保资质，其担保能力同样堪忧。以曾出现过兑付危机的网贷平台中财在线为例，中财在线曾声称："引进多家强大的企业联合成立担保公司，同时，引进本省最优秀、最有实力、信誉最好的担保公司，这样可以大大降低系统性风险。"但是事实证明，这样的第三方担保承诺同样形同虚设。

自己担保无效且涉嫌违法，正规第三方担保又请不起，于是一些网贷平台想出了第三种担保模式，即参照商业银行做法，从每笔业务的佣金中提取一定的风险拨备金。

点评

到目前为止，除了少数资金实力雄厚、风控体系健全的行业领军企业，"平台承诺本金垫付"还只是一件看上去很美，却经不起推敲的营销噱头，而且在宣传过程中，对于担保公司是否取得了担保资质，拥有多少资金抵御风险等关键性信息都采取了模糊化处理，投资人的风险实际上并没有真正解除。

由于P2P网贷企业尚未迎来大面积的倒闭潮，因此许多投资人还和徐女士一样将之看成确保资金安全的"定心丸"，然而一旦信用风险大规模袭来，"担保不保"将极有可能成为残酷的现实。

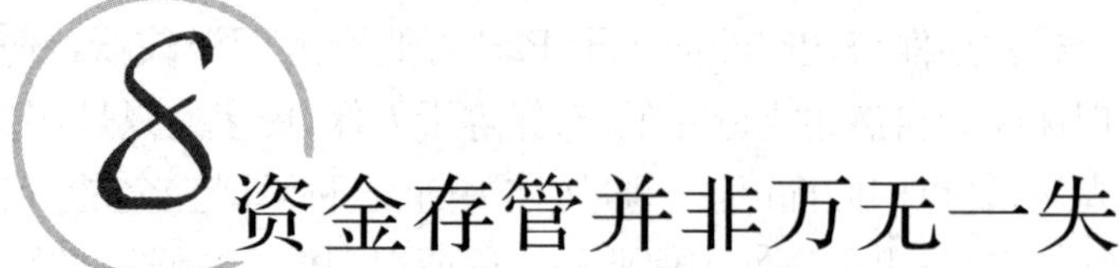

8 资金存管并非万无一失

归根到底，只有从物理上使投资人的资金与平台资金完全隔离，才能根本上杜绝资金存管风险。而要实现这一点，就需要银监会等相关监管部门出台法规予以规范，规定P2P公司的客户资金必须交由第三方存管机构（商业银行）存管。

案例

2012年6月3日，发生了P2P行业轰动一时的淘金贷跑路事件。张先生就是其中不幸中枪的一位投资人，数万元投资款项一下子就没了踪影，这让原本对P2P行业的前景充满信心的张先生气愤不已，也让他对整个P2P行业的资金存管安全性产生了极大的忧虑——假如平台可以任意经手投资人的资金，又不对外公布资金状况，资金监管处于真空地带，那岂不是随时都有携款跑路的可能吗？一旦遭遇经营困境，携款跑路不就是一件十分自然的事情了吗？

分析

中央财经大学金融法研究所所长黄震用“三有三无”来形容P2P网络借贷平台的现状：有需求、有供给也有中间服务商，但却处于“三无”状态——即无准入门槛、无行业标准、无监管机构。这“三无”使得P2P行业乱象丛生，其中最大的风险就在于一些不法分子可能以P2P平台为幌子，以高额收益为诱饵，获得资金后立刻携款跑路。据了解，目前仅需10万元就能注册一家电子商务咨询服务公司，再花费2万至5万元就可以请人开发出平台系统，如果连平台系统开发的钱也不愿投，那么花费几百元到2 000元买一个通用模板就可以开张了。这正如同2010年团购模式大爆发时，一时之间互联网爆发“千团大战”，其中有一些团购网站在以超高折扣吸引了巨量资金后也出现了携款跑路的情况。

互联网借贷中之所以会出现资金存管风险，和绝大多数P2P公司从单纯的不经手资金的平台中介转型成担保中介密切相关。在国外，之所以P2P公司不经手资金，就是为了最大限度降低融资成本和杜绝资金存管风险，然而在国内，大部分P2P平台采取的是第三方支付直接收取的模式，而没有引入安全系数最高、资质最好的商业银行作为资金监管方。这是因为我国现有金融体系下，银行出于对风险的考量，将P2P平台的资金监管和结算需求拒之门外，这就使P2P公司的资金流转只能由支付宝、财付通、快钱等第三方支付公司提供服务。

然而许多投资人出于对第三方支付公司的信任，并未意识到由第三方支付公司作为资金平台，实际上就是将资金划入P2P平台在第三方支付公司的账户中，这与直接将钱划入平台的银行账户并无区别，风险也随之产生。

当然，有不少规模较大的P2P公司已意识到了资金存管风险对P2P行业的发展不利，也采取了一些做法试图赢得投资者的信任。比如明晰融资账目；定期公开财务报表；聘请第三方会计师事务所审计等。其出发点都是希望通过“公开”的方式让投资人放心，可这些方式依然无法从源头上解决资金归集和流转的问题。

点评

归根到底，只有从物理上使投资人的资金与平台资金完全隔离，才能根本上杜绝资金存管风险。而要实现这一点，就需要银监会等相关监管部门出台法规予以规范，规定P2P公司的客户资金必须交由第三方存管机构(商业银行)存管。在此之前，理论上说，任何一家P2P公司都具备携款出逃的技术条件和可能性。

所以在挑选P2P平台出借资金时，投资者一定要擦亮眼睛，尽量选择那些社会知名度高的、历史悠久的、规模较大的公司，这些行业领军企业往往梦想借互联网金融的东风把企业做大做强，资金实力和风控能力都比较强，出现携款跑路的概率较低，反之，那些不知名的、成立不久的、规模较小的P2P公司，跑路的概率则相对较大。

9 风控水平不透明

由于信息不透明，互联网信贷公司的风控水平到底有多高，真像雾里看花一样，外人怎么也看不透。这种情况的出现，也给其后续经营带来了不小的隐患，投资者也需多加留意。

案例

一年前，董先生听朋友介绍了某知名P2P公司的某款理财产品，据说可以获得每年10%以上的固定收益，让董先生颇为心动。然而对投资理财有一定经验的董先生在对该公司的P2P业务模式进行仔细了解后，却发现其中可能暗藏一些不为人知的秘密。

"比如他们公司一直对外声称坏账率只有1%，但P2P公司毕竟不同于银行，实际坏账率多少只有他们自己心里清楚。更大的问题是，假如给投资者12%的收益，他们公司还要赚钱，再扣除各种刚性的经营和宣传成本，尤其是对贷款人资信情况的调查需要耗费很大的人力，贷款人的借贷成本很可能要高达20%～25%，现在中国有多少小微企业主能承受这么高的资金成本呢？所以我到现在也一直不敢踏入P2P的门。"董先生分析说。

分析

P2P信贷模式看似简单，但要经营好一个P2P企业绝非易事。除了需要有成熟的技术支持，贷前审核、贷后管理以及整个平台的风险控制都需要非常专业的人才进行打理，尤其在中国这样一个个人征信体系不健全的国家，任何一家P2P公司想要获得最真实可靠的贷款人资信情况，不单要花费很多人力成本，而且还必须有一套成熟的评判系统。

P2P的一头是甄别贷款人，另一头则是吸引优质的借款人资源，正所谓巧妇难为无米之炊，这就对P2P公司在线上线下的推广营销能力也有极高的要求。而这一切工作想要顺利推进的背后都需要资金的支持，而目前P2P行业公司的平均注册资本约为500万元。其中还有极高的水分。2013年上半年，重庆相关监管部门处罚了当地5家网贷企业，并撰写调研报告指出重庆当地网贷平台“注册资本低，担保能力有限，有2家机构存在资本金抽离情况”。

不少P2P公司的倒闭，与资金实力不足、技术条件不过关、营销能力欠佳、风控水平不高等有密切关系。2013年4月初，上线还未满一个月的众贷网突然宣布倒闭，众贷网给出的解释是：“由于管理团队经验的缺失，造成了公司运营风险的发生……”众贷网倒闭不到10天，另一家网站城乡贷在其网站挂出歇业公告，根据其公告，其存续期间仅开发了一名投资者。这也从侧面反映了经营好P2P平台的不易。

在这一系列企业经营风险中，最为棘手的就是坏账风险。对于各家P2P公司而言，小额贷款的坏账率一直以来都是最高机密，对外公布的坏账率和我国政府公布的城镇登记失业率一样，低到让人只能“呵呵”了之。说到底，由于不透明，互联网信贷公司的风控水平到底有多高，自己出借的资金到底处于什么状态，10%高额回报率的背后，投资者真正要承担多大的风险，这些问题的答案，真像雾里看花一样，外人怎么也看不透。

点评

造成上述风险的根本原因在于信息不透明，而信息不透明的根源则是监管缺位。目前P2P行业还没有专门的管理机构，只是暂由央行代管，也未建立完善的管理机制。

事实上，在P2P行业野蛮生长多年后，如今已形成了4种模式：有担保线上模式（如人人聚财）、无担保线上模式（如拍拍贷）、线下模式（如宜信）、线上线下相结合模式（如陆金所），每种模式面临的风险和问题不尽相同。尤其是后两种模式，极具中国特色。如今以招商银行的“小企业e家”为代表的新型P2P（招行称之为P2B）也悄然上线，P2P行业将迎来大鳄时代，新一轮洗牌在所难免，假如相关部门不尽快建立监管机制，投资者的权益终究难以获得有效保障。

10 监管缺失应注意

就目前来说，互联网金融的监管还有着一定空缺，投诉与监管方面都会存有一定的问题。对此，投资者一定要有所注意和防范，在进行投资时一定要多留一个心眼儿，以避免招致不必要的损失。

案例

对互联网理财产品有所耳闻的施先生，近日在网上无意间看到一家提供高收益投资理财的网站，加了该网站公布的QQ客服为好友之后，客服告诉施先生，该公司是一家专业理财公司，现有为期一个月的短期投资项目，回报可达到12%。由于收益很高，客服又展示了公司的各种资质、证书之类的扫描件，施先生就打消了原本的一些顾虑。然而，施先生按照客服提供的账号，分三次汇去了5万多元之后，就再也无法联系上对方了。

笔者了解到，目前有一批不法分子在互联网上发布虚假理财产品进行钓鱼欺诈，以高收益、低门槛来忽悠像施先生这样的消费者。除了直接骗钱，有些网站也会打着互联网金融平台的旗号，套取用户的个人信息，然后将这些信息贩卖给第三方机构以谋利。

分析

市场的火爆无疑会很快引来监管和规范的问题，互联网骗局频现、维权难的问题既损害了消费者的利益，也不利于正规互联网金融产品的发展。而另一方面，新兴的互联网理财产品本身也存在着诸多监管的漏洞。10月21日，百度在其网页上发布“百发”产品的宣传资料，8%的年收益率让不少人都“惊呆了”。但百度随后又公开澄清产品并非保本保收益，并删除了相关的宣传图片。10月23日，证监会就在官方微博中对该产品正式表态，8%年化收益率不符合相关法律法规要求，将对其产品业务合规性予以核查。不管“百发”的实际做法是否有悖现行政策，证监会的声明无疑已经给大热的互联网金融行业泼了一瓢冷水。现阶段来说，我国互联网金融的发展才刚刚开始，它的风险暴露不充分，还在集聚之中。

可见，目前互联网金融市场尚未建立起足够的信用体系以及风险处置机制。在互联网金融发展的众多商业模式中，只有第三方支付得到了严格监管，但对网络贷款、众筹融资以及正在试水的财富管理、理财产品等等，都还存在着监管空白。互联网理财产品能够通过平台信誉为投资者担保的说法显然尚不足信，而一旦互联网金融出现交易纠纷，消费者的维权渠道和法律依据也仍然缺乏。

点评

作为当前金融创新最火的形式之一，互联网金融还没有相应的管理体系。前期人们比较关注这一新业态对传统金融业造成的冲击，也看好其为整个普惠金融转型带来的生机，希望市场可以以开放容忍的态度来接受这一创新。到目前为止，相关监管部门也确实已经在互联网金融领域发放了不少牌照，积极信号非常明朗。

不过，从“百发”的事例可以看到，目前互联网金融的监管还有着一定空缺。在当下互联网金融已经逐渐步入正轨的情况下，相关部门尚未能针对之前出现的问题和发展情况制定相关法律政策，例如网上销售理财产品应该有怎样的标准和细则、互联网购物应该怎样保障消费者权益等等。那么，对于投资者来说，就要将政策与监管尚未跟上的大环境纳入考量，多多注意可能出现的风险，诸如资金安全性、防“钓鱼”等等。在文件签署、法律条款等问题上都要有防范意识，对于一些有金融机构背景的网络平台也要认真考察其信誉，不但最好有第三方金融渠道进行监管，自己也还是要多留几个心眼。

基金公司不会告诉你的10个秘密

原来你是这么"牛"啊!
明星公司基金

投资基金时，你会不会常常感到产品最后的表现和当初预想的情况很不一样？究其原因，其实在基金的销售过程中，基金公司往往并没有把相关的细节完全告诉你，由此也引发了诸多的投资误区。那么现在，就让我们来为你解开其中的10个秘密。

基金这个行业虽然也有种种不是，但相比较于金融行业中的其他分支，最大的优点就在于透明度高。所以对基金公司来说，“作恶”的成本也相对较高。

不过为了吸引投资人，基金营销也往往会在有限的空间里玩出不少花样。加上投资者通常从各类渠道接触到基金，销售渠道以讹传讹的、误听误信的事例亦不胜枚举。基金公司、销售渠道以及投资者之间的认知鸿沟和利益驱动，产生诸多问题。

金融投资产品的一个特点是，你通常很难以好或坏来衡量。即使暂时亏损的产品，你也不能简单认为是坏的产品。但如果有人误导你对这个产品的风险和收益水平产生错误的认识，就形成了所谓“误导”。有些误导是刻意而且有害的，有些则是无伤大雅的。但无论如何投资者都值得读一下我们的文章，让我们告诉你基金产品里的种种九曲回肠。

避实就虚　避谈重点

“王顾左右而言他”是最经常有的现象，这在分级基金的营销中显而易见。这种不容易被大众投资者所理解的产品，最近两年可谓热火朝天，其“光辉形象”常常见诸报端。

自 2009 年后由于股市不佳，房市受到调控，投资资金相当青睐具有固定回报的理财产品。一年的固定收益率如果能超过 2 年定期存款利率，或者更高，就能迅速吸引投资者的目光。分级基金中的一类新模式也由此诞生。这种形式的分级基金，分为低风险份额 A 和高风险份额 B。低风险份额 A 通常承诺投资人获得每年浮动的固定收益，比如 1.5＋一年定期利率，收益来自于 B 份额的补偿。

此类收益率通常比银行理财产品略高，在基金公司以及销售银行的推波助澜下，往往令投资者趋之若鹜。基金公司将低风险份额 A 简单定义为“类似固定收益”类产品，但通常不会告诉你所谓“类似”的真正涵义。

一般分级基金的运行期限为 3 年，正式成立后，可在二级市场上交易。而一旦交易，至少目前来看低风险份额 A 的折价可能性是 100%，而且是大幅折价。这意味着投资者如果想在期限到来之前卖出，必须忍受亏损。这种情况没有任何基金公司会告诉你。

如果你是个精明的投资者，应该会在上市交易后折价买入这种具有固定收益特性的基金，如果持有到期，收益率会大大超越本来所约定的固定收益。但如果没有人在新基金发行时买入 A 份额，那么实际上这个基金就无法成立，也无法提供这样折价投资的机会。事情于是变得非常有趣。也正是因为这种原因，大家在销售这类新基金时往往三缄其口，决不谈及折价事宜。

自从牛市结束后，现在连高风险 B 类份额也往往一上市就折价。分级基金在新基金募集时必须半遮半掩才能成功把不明所以的投资者圈进场。尽管这类产品在上市后具有的生命力有目共睹，但其中所涉及的问题也是不言而喻的。

预期和结果的错位

也有很多投资者投资基金后的失望情绪，来自于预期的错位。这种情况不一定是基金公司的主动错误，通常是由于投资者对产品的认识存在偏差，但提供产品的基金公司或者是销售产品的银行都不会主动来纠正你的认识偏差。于是产生了负面的结果和感受。

比如你在 6 000 点的时候去买股票型基金，出于各种利益考量，基金公司或者银行都不会拒绝你申购基金。但最后你可能要面对将近 50% 的亏损，而且有可能从 2007 年至今都没能解套。股票型基金按照契约规定是不能抛光股票的，所以基金随着指数的下跌，大幅亏损是必然现象。这是产品本身的特点。

但另一方面，当不明所以的投资者蜂拥而至时，金融机构通常极力煽动这种投资的情绪，这却是众所周知的秘密。投资者在决策过程中，如何加深对基金产品的理解就显得极其必要。

有些投资者以为债券基金风险很低，就等同于绝不会发生亏损。事实上，只有货币市场基金从出现至今没有发生过亏损(虽然理论上也有亏损的可能性)。债券类基金由于通常涉及打新股，或者股票二级市场投资，某些情况下可能发生亏损，而且的确也出现过。虽然长期(1 年以上)来说，债券类基金的亏损往往只是暂时的。此类情况，基金公司通常不会特意知会你这些细节。

再比如债券分级基金，虽然名称上显示债券，但其高风险份额 B 在二级市场上的波动幅度在某些情况下甚至可以超过股票分级基金。大多数人对此并不了解。所以投资者在决策前，一定要再三了解产品的特性，否则很容易出现预期和结果不匹配的情况，并且从情感上觉得自己受骗了。

灌输理念的误读

还有一种比较普遍的情况，来自于基金公司理念的灌输，俗称“洗脑”。常常会有人告诉你，基金一定是要长期投资的，选基金的时候要选品牌基金公司的产品，等等。其实这些话说得也没错，但这些所谓投资界的真理都是有前提的。

过去几年里，这种案例多不胜数。当年名噪一时的某基金公司，在 2007 年牛市尾声时发行了一只 QDII 产品，主要投资于亚太市场。尽管这家公司也在能力范围内对产品作了解释，但名声在外抵不过蜂拥而至的人流。人们误以为只要一家公司的某只基金表现好，那么其他基金必然也会一样。这些迷信明星基金公司的投资者，至今还深套其中，继续为自己当年的无知买单。

又有比如所谓长期投资理念，其实并不适合所有的基金，同时长期投资也蕴含许多技术细节，绝对不是为了长期而长期。实际上稍微有点数学常识的人就能发现，并不是持有时间越长收益就越高，对某些不应该长期投资的基金，也并不是持有几年就能等到苦尽甘来。而且买入和赎回的时点选择，也是需要一点智慧的。

又任何情况下，都不存在所谓成功的傻瓜投资，傻瓜都能在证券市场获利，那还有谁会赔钱？对于各种狂轰滥炸式的理念灌输，我们都要学会用更为辩证的态度去对待。

而接下来，我们就要来为你解开基金公司不会告诉你的10个秘密，相信你会从中得到不少收获。

11 “新的”通常不如“老的”

银行工作人员会告诉你“买新基金比老基金好”，是因为银行通常可以在发行新基金时获得更多的收入，或者是他们有摊派的任务。但多数情况下，买基金其实是“新”不如“老”。

案例

邵先生是某银行的 VIP 客户，对基金投资颇有兴趣的他经常根据客户经理的建议买卖基金。过去几年里，客户经理通常建议邵先生买入当时正值新发行的基金，而后在微利后建议其赎回，再买入新发行基金。客户经理的说法是，“新基金肯定是比老基金好，要买就买新基金”。

2010 年 2 月，由于市场不佳，邵先生在客户经理建议下把一只净值 1.02 元的基金赎回。邵先生自新基金发行时买入，持有该基金刚刚超过 1 年，算上赎回费率和此前的认购费，账面基本持平。接着他又接受建议买入一只新基金。此后遭遇市场一路下滑，该基金净值最低一度跌至 0.70 元左右，最近才刚刚解套。当净值回到 1.05 元左右位置时，客户经理再次建议邵先生赎回。

不明所以的邵先生突然发现，当初自己在 2010 年赎回的这只基金，净值已达到 1.15 元左右。如果当时继续持有这只基金，至今的收益应在 15%左右。而实际上，扣除各类手续费后，他不断转换买新基金的收益率仅有 3%左右。

分析

新基金真的比老基金值得买吗？答案绝对是否定的。

所谓老基金，只是因为它已经完成建仓，并且持有一个相对完整的投资组合，包括股票、债券和现金等。运作了一段时间后，这些资产的价格会发生变动，并且体现在基金净值上。基金净值 1.2 元或者 2 元，或者是跌破 1 元，只是单纯表示其投资组合的市场价格，和股票价格的概念是两回事。

股票或许存在合理估值的问题。如果价值 1 元的股票上涨到 2 元，那么通常我们认为这只股票已经被高估,不应该买入。但基金净值和股票价格是两个完全不同概念。净值1.5元的基金,所对应的就是价格为1.5元的基金资产。从这个意义而言,老基金和新基金的主要区别只是在于,新基金还没有建仓,还未持有任何投资组合而已。

和人们习以为常的认知相反,通常我们认为老基金比新基金更值得投资,一是因为有历史业绩可以回溯,能够作为投资决策的参考依据;二是因为如果在平衡市或者单边上扬的市场中,老基金的建仓成本通常比新基金低。除非在单边下跌市场,或者市场前景不明朗时,投资新基金似乎才比较合理。但如果是这种情况,为什么还要大举买入基金呢?除非是定投。

点评

实际上,基金公司和银行对于售卖新基金都有其利益驱动。对银行来说,通常基金认购可以收取1%到1.5%左右的手续费,这部分收入基本全部归银行所有。销售新基金的银行,一般情况下还能向基金公司收取尾随佣金,占到基金公司收取基金管理费的一定比例。有些强势银行的尾随佣金最高甚至可以超过50%的管理费。这就是为什么银行更愿意推销新基金的原因。有些银行还会建议客户频繁更换基金,赎回次新基金,买入新基金,其中所涉及的利益驱动不言而喻。

12 基金分红只是数字游戏

开放式基金的分红不是天上掉下馅饼，只是单纯的营销手段。基金分红和股票分红完全是两个概念，你的财富不会因为分红而有任何改变。

案例

陆小姐一直持有某只股票型基金，前些时候这只基金宣布分红，这让陆小姐喜出望外。由于陆小姐持有这只基金几十万元，分红额也有一笔不大不小的金额。陆小姐为这笔“外快”相当兴奋，请公司同事大吃了一顿。事后，她又不断向亲朋好友推荐自己持有的这只基金。不过事实上，这只基金的表现着实一般，过去两年来净值增长率接近于零。

分析

像陆小姐这样认为分红的基金就是好基金，同时以为基金分红就像天上掉下馅饼一样的人的确不在少数。事实是，基金分红和股票分红并不是一个概念，某种程度上说，基金分红只是一个单纯的数字游戏而已。

举个简单的例子。一只净值 1.5 元的基金，如果每 10 份分红 1 元，那么基金分红后的净值就会下降到 1.4 元。假如某投资者持有该基金 1 万份，那么分红前其持有基金的市值是 15 000 元。分红后其持有的基金市值 14 000 元。分红金额就是 1 000 元。分红实际上就是把你原来持有基金的市值，取出一部分返还于你而已，不涉及任何财富增值。或者说，这只基金分红的效果，其实完全等同于你赎回 666.67 份净值为 1.5 元的基金。

基金分红和股票分红完全是两个概念。上市公司从资本公积中分红回馈大众投资者，是对大众股东真实而且额外的回报，与基金分红是两码事。虽然基金分红也是真金白银，基金公司也可能因为这部分分红减少了管理规模，造成管理费的损失。但事实上，如果你持有的是开放式基金，分红或者不分红，对你的财富总额是没有影响的。

如果你选择的不是现金分红，而是红利再投资，那么即使基金份数会有所变化，但实际的基金总市值没有任何变化。基金分红后的赚钱能力只取决于此后市场的变化和基金经理的管理能力，和分红无关。

所以，如果投资者希望"分红"，你只需要赎回一部分基金就可以。开放式基金的流动性完全支持投资者随时随地对资金的需求。

值得一提的是，上述所指均是开放式基金。封闭式基金分红和开放式基金分红有所不同，封闭式基金(尤其是市场上那些传统封闭式基金)在折价时，由于不能按照市价赎回，其分红是有意义的，而且机制上也不同于开放式基金。封闭式基金分红后，净值和二级市场价格都要除权，但除权后折价率通常会有所扩大，二级市场价格会在折价率收窄(假设净值不变)的过程中上涨。这就是为什么封闭式基金分红后，会有所谓的"分红行情"。

点评

有些基金以"分红"作为卖点，是因为有很多不明所以的投资者对开放式基金分红存在莫名的亲切感。也有很多基金公司以分红作为再次营销的幌子，吸引新的投资者参与申购。投资者应该知道的是，分红的基金未必是好基金，不分红的基金也不是坏基金，分红还是不分红其实无关乎基金好坏，也和基金公司的好坏无关，因为你完全可以自己通过赎回主动分红。时至今日，分红可以被理解为基金营销中迎合投资者的一种方法，玩的不过是一种数字游戏，当然封闭式基金除外。

13 债券基金也会赔钱

债券基金虽说风险较低，但绝不是只赚不赔的。有些基金虽然名字叫作债券，却是可以买卖股票的，同样也会遭遇亏损的境遇。

案例

王先生早在两年前，申购了两只基金，一只是债券型，一只是股票型。本以为可以通过两只基金搭配做一个资产配置组合，在股市和债市此消彼长的过程中规避一些风险。不曾想，两只基金在 2012 年双双套牢。到了 2012 年 10 月，债市开始走出一波行情，王先生发现自己的债券基金相比其他债券基金，反弹速度慢了很多。这让他完全不能理解。

分析

债券基金也有很多类型，其中有些的确风险很低，有些则有一定的股票仓位，但名字仍叫作债券基金。即使债券基金的风险比股票基金低，但也不代表它们不会发生亏损。

市场上的债券基金，按照简单分类可以分为一级债基和二级债基。前一种指的是可以投资于股票一级市场，也就是可以参与打新股的债基，但不能参与股票二级市场买卖。后一种指的是同时可以参与二级市场投资的偏债基金，已经不是传统意义上的债券基金。

一级债基虽然只能参与打新股，但市场上有些一级债基，其新股申购后所规定的锁定期比较长，同时持有新股的仓位也比较高，或者是持有可转债的比重较高，这类一级债基的风险收益水平其实已经接近二级债基。从 2012 年的表现看，发生较多亏损的基本都是策略较为激进的二级债基，受到股票市场疲软的拖累。

但硬币的另一面是，二级债基的长期表现实际上超越了一级债基，从一个较长的时间纬度看，股票仓位对提高债券基金收益的确有正面帮助。但投资者也必须承担可能某些年份会发生亏损的事实。

另外值得注意的是，债券基金所面临的主要风险，除了参与新股和股票二级市场的风险外，还有与股票市场表现关联度较大的可转债的风险，以及信用风险。

信用债市场去年得到了快速发展，但2012年至今曾发生几起信用债违约风波。尽管国内债券市场目前还没出现实质性违约事件，但确实是已出现了一些个案。投资者对信用风险的识别意识和关注度也在上升。从整体来看，基金公司完全可以通过积极的投资组合对信用风险进行管理，规避这种个案可能带来的巨大冲击。

但作为投资者必须明白的是，债券基金本身是有风险的，虽然风险较低，但绝不是无风险的投资品种。而事实上，零风险产品本来也不存在。

点评

选择债券类基金产品，事先要对产品本身作充分的了解。基金契约可以在网上查询，重点在于了解这只基金是可以投资于股票二级市场，还是只能参与打新股，并且了解其股票仓位的最高上限是多少。这些信息有助于了解债券基金的风险特征。

客观而言，一级债基和二级债基没有好坏之分，只是风险水平和预期收益有所不同。但我们更多建议投资者考虑一级债基。如果同时对股市和债市有兴趣，更好的方法是，以一部分资金买入债券基金，一部分资金买入股票基金。

14 基金A类份额≠高收益存款

基金公司只会告诉你分级基金A类份额有每年固定的收益，而且收益率比银行定期存款利率高。但不会告诉你，A类份额一上市通常就是大幅折价，你就等着被套吧。

案例

从2012年开始分级基金销售相当火爆，在听从推销人员的介绍后，马先生认购了某分级基金所谓的低风险A类份额。按照契约的说法，A类份额投资人将每年获取比银行一年定期存款高的固定收益，按照当时的定期存款利率，这个收益水平大约达到或超过5%。马先生认为这笔交易非常划算，一来比银行理财产品的利率略高，二来分级基金成立后将在二级市场交易，流动性也较好。

但让他没有想到的是，这只基金自从上市后，就一直折价交易，折价率居然高达10%左右。如果他想要在二级市场上抛出，即使算上获得的固定收益部分，还是会亏损将近5%。这让马先生感到相当胸闷。

分析

如果有人告诉你某种投资只赚不赔，那一定不是真话。某些分级基金的A类份额，虽然看上去相当美好，但实际上从过去的经验看，上市后折价基本是常态。所以如果你不是打算持有到期(一般在3年左右)，那么这类产品是应该谨慎对待的。

以股票方向的分级基金为例，不少A类份额提供的固定收益水平在年5%左右，甚至更高，以吸引众多投资者关注。但目前来看，A类份额甫一上市普遍表现为大幅折价，近期的折价率均值更在13%左右，最高的折价率甚至达到25%。换句话说，即使A类份额号称可以提供你每年6%的收益率，如果你不能持有到期，按照13%的折价率，你即使平均持有超过2年，在二级市场上抛售时仍然是亏损的。有些分级基金的B类高风险份额甫一上市也常遭遇折价，溢价情况只是极少部分。

尽管这种现象堪称普遍，但基金公司在发行这类产品时几乎对此只字未提。甚至有些基金公司在营销时，刻意淡化这类产品是分级基金的事实，并且告诉投资者 A 类份额只是类似固定收益产品而已。他们根本不会告诉你，与其参与分级基金的新基金发行，不如在其上市后以折价买入。

不仅于此，很多分级基金其实还有各类附加条款。以分级债券基金海富通稳进增利 A 来说，该基金在契约中规定，封闭期末如果基金份额净值大于等于 1，基金净资产优先分配予增利 A，剩余净资产分配予增利 B 份额。在封闭期末，如果该基金份额净值小于 1，增利 A 与增利 B 分别以封闭期末基金份额净值等于 1 时两者的份额净值为基础，共同承担亏损。所以，A 份额号称每年 5%以上的收益率也并不是万无一失的。

点评

分级基金一度热火朝天，但这类产品往往机制复杂、条款繁复，非普通投资者所能理解。同时，由于创新并不完善，其中也隐含诸多问题。

当然，我们也不能否认分级基金给市场带来的活力，不过投资者一定要在对它们充分了解后再作出决策。

低风险的 A 类份额虽然可以看作是类似固定收益产品，但它们在市场上长期折价是不争的事实。而 B 类份额，基金公司通常会从各种渠道告诉你上涨时 B 类份额表现多么勇猛，但实际上，下跌时这类高风险份额也是幅度巨大。

投资者一定要知道，在不能做空的情况下，分级基金产品的风险是极高的。即便是债券类分级基金，也带有类似的风险特征。

15 货币基金短期高收益不可信

7 天年化收益率有时候看上去很高，但并不代表你的年收益真能达到这一水平。基金公司常常会在 7 天年化收益率显得比较动人的时候向你推销这类产品，不要上当啊！

案例

股市低迷时期，秦女士打算把闲置资金投资到货币市场基金，但一直不知道应该选哪只基金为好。看到报纸上登载的文章，某些基金公司大力标榜自己旗下货币基金的 7 天年化收益率水平很高，秦女士就按照这一指标选了一只 7 天年化收益最高的基金买入。买入时这只基金的 7 天年化收益率超过 4%，但持有了一年后，秦女士发现实际收益率并没有 4% 那么高，对此她一直感到极其困惑。

分析

在货币基金出现以前，个人是无法涉足货币市场投资领域的。这类基金投资于票据、短期债券等货币市场工具，获得的收益率通常比活期利率高，有时候可以达到一年定期存款利率或者更高水平，同时流动性很高，可随时申购和赎回。

这种产品计算收益的方式也和其他基金不同。通常有两种参考数据，一是 7 日年化收益率，二是每万份基金单位收益。7 日年化收益率，简单说就是把最近 7 天的收益率求个平均值，然后折算为年收益率，便于投资者了解当前收益水平，但实际上代表的并不是年度收益率。而每万份基金单位收益，代表当天万份基金所获得的实际收益。比如当日公布每万份收益 0.54 元，意思就是前一天这只货币基金每万份实际获得 0.54 元的收益。

如果把过去一年所有的每万份单位收益相加，得到年收益，投资者大概会发现货币基金年收益之间的差距其实很小，大部分基金收益水平都在伯仲之间。而看 7 天年化收益率，你却会误以为货币基金之间的收益率差距极大。一段时间，7 天年化收益率最高的可以达到 6%以上，最低的 2%左右。

基金公司也许会在营销时告诉你，我们公司的货币基金 7 天年化收益率很高，但实际上所代表的只是某个时点的收益水平而已，不代表相对长期的收益水平。

货币市场基金收益的提高往往和投资组合久期的拉长有关，在某种程度上是以牺牲了流动性作为代价的。换言之，货币基金如果投资于期限长、利息比较高的短期债券、票据，自然能提高基金的收益率，但风险也相应增加。所以如果某只货币基金获得超越正常水准的收益，往往是因为基金经理在管理时超越了禁区。过去几年来，这类在不恰当的风险之上乘风破浪的做法时有发生，尽管没有产生恶劣后果，但投资人在选择货币基金时，必须明白这一点。

点评

一般建议投资者在选择货币基金时找那些规模较大、公司实力较强的产品。通常规模越大的货币基金，整体稳定性越强，不容易因为大额赎回而影响基金的投资组合。基金经理也不需要应对过于复杂的流动性问题。所以在允许范围内，可以适当地增加期限较长的债券、票据、回购协议的比重，收益率通常在平均水平以上，安全性也比较高。而小型货币基金，容易随着申购、赎回的变动，实际收益产生较大波动。

16 排名第一的基金常常很危险

大多数基金都逃不过“一年辉煌”，当年的大黑马通常到第二年就变脸了。买一只热门基金最后很容易受伤，还是要三思而后行。

案例

付先生很早以前就开始投资基金，并习惯于按照基金榜单选基金。2007年他买入2006年股票型基金排名第一的某基金，结果2007年这只基金表现一般，名次很快跌落到100名左右，没有达到同类基金的平均水准。随后两年，这只基金的表现也不尽如人意，基本在榜单中游或者下游水平徘徊。

2010年，付先生又一次买入一只2009年业绩排名第一的股票型基金。悲剧再次上演，买入不久后，付先生就一直被套，直到现在还没能解套。以寻找黑马的心态买基金，但最后总是买不到黑马，这让付先生心有不甘。

分析

虽然我们通常会说，买基金前一定要参考这只基金的历史业绩，但还有一句话常常漏掉了：过去的业绩不代表未来的业绩，而且，业绩最好的那些基金同时也是危险的。这里指的是某些单独年份，或者是相对短期的业绩。

从历史表现看，股票方向基金中除了华夏大盘外，大多数基金难逃“一年辉煌”的定律。前一年表现最好的几只股票基金，第二年表现平平甚至表现糟糕的概率大概超过90%。同样的，也有一些上一年表现糟糕的基金，到了第二年突然迎来了曙光，变成了排名名列前茅的明星基金。

基金榜单每年的座次变幻无常，成功捕捉一只黑马基金的概率大概不会超过1%。背后当然有很多原因。比如每个基金经理都有其个人风格，有些人喜欢周期性股票，有些人擅长大盘蓝筹，有些人对某些行业特别有心得，在某个年份中，一旦市场风格和基金经理个人风格契合时，他们往往可以获得好成绩。

当年能够排名前几的基金,一定是天时地利人和,某种程度上也来自于运气的眷顾。除此外,大幅超越平均水平的业绩,也往往来自于超越平均水平的风险。所以那些某一时期的明星基金,就像是透支了体力的赛跑选手,后续的业绩波动比较大是正常现象。

这些话当然基金公司不会告诉你。相反,他们会告诉你,本公司旗下的某基金业绩是多么多么出色。如果过去几年,这只基金的表现都很出色,那这只基金的确是值得关注的。不过能有底气宣称长期业绩出色的公司实际上并不多,更多的公司则乐于宣传某只基金过去 1 个月、3 个月、6 个月乃至 1 年的辉煌业绩,那么投资者至少应该翻看下更长期的业绩。

点评

一心想要买到黑马基金绝对是愚蠢的念头,同样,买前年最热门基金的结果通常也不会太好。在选择股票类基金时,建议投资者更多翻看过去 1 年、2 年、3 年甚至 5 年的业绩,如果某只基金在各个年份中都能排在同类基金的前 1/2 甚至 1/3 的位置,那么这只基金未来表现持续稳健的概率就比较高,至少比前一年最热门基金后续表现稳定的概率高。

17 明星公司的基金并不都靠谱

明星公司旗下的基金并不都是明星，因为一家公司的明星效应而买入一只不明所以的基金，是很容易“吃药”的，基金“追星”还是要谨慎而行。

案例

高阿姨有次去银行询问基金事宜，正巧碰到某工作人员推荐基金。当时该银行正在销售某家知名基金公司旗下的新发行基金。这只新基金是一个指数产品，跟踪沪深300指数。工作人员对高阿姨说：“这可是XX基金公司的基金啊，你知道这家公司有个大盘基金吗？业绩太牛了。”

高阿姨立即被这种动人的说辞鼓动了，马上认购了这只沪深300指数基金。不过让她郁闷的是，这只基金至今净值7毛多，被套两年，而且看样子解套仍遥遥无期。

分析

常常会有人告诉你，买基金第一要挑一家好的基金公司。但没有人告诉你，一家所谓明星基金公司旗下，也许有所谓的明星基金，但也有很多并非明星的产品。并不是明星基金公司旗下的所有基金都熠熠生辉。

没错，一家公司如果有若干产品表现不错，的确可以说明这家公司的整体水平比较高，可以作为选择基金考量的一个标准，但决不是唯一标准。还有更多其他的因素需要了解。

比如你买的是沪深300指数基金，那么它业绩的好坏其实主要取决于沪深300指数的表现。如果基金经理发挥正常，把指数基金跟踪指数的误差控制在可控范围内，那么明星基金公司旗下的指数基金充其量也只是指数基金而已，其业绩不可能脱离指数一飞冲天。如果你买的是明星基金公司旗下的债券基金，无论如何他们都不可能变成股票基金那样，获得让你吃惊的收益率。

不仅于此，通常情况下，就算是明星基金公司旗下的股票型基金，也不可能每只都表现勇猛。基金公司通常会在发行某只新基金的时候告诉你，我们公司的另一只基金过去表现很是不俗，然后向你展示这只优秀基金的过往种种。一般情况下，其美丽的过去，和推荐你买的新基金没什么关系。如果你因此动心了，那还不如去买那只明星基金。

过去曾有很多例子。比如在某一年，某家基金公司的几只股票基金，一只可以在同类产品中名列前茅，而另一只可以在同类产品中排在最后梯队。这里面原因太多，也许是基金经理的水平有高低，也许是运气有好坏，也许是基金规模或者策略不同致使在某些市场风格中表现参差不齐。

不管如何，投资者必须明白的是，你不能期望一只医药基金在医药股表现不佳的年份里有很好的表现，即使它是明星基金公司的产品。你也不能期望明星公司的海外基金，在海外市场表现一般的时候让你有多少超额收益。最基本的问题是，你必须了解你要投资的基金产品的性质、类型是什么，它们的基础市场未来有没有机会。

点评

如果有人以某只明星基金忽悠你买该公司的另一只产品时，就应该警惕了。也许推荐给你的这只基金也值得买，但你必须首先了解这只基金是什么类型，基础市场在哪里。当年有很多人因为某个公司的名气买了其投资海外市场的QDII，结果血本无归。这些投资者缺少的正是这个基本常识。

18 保本基金性价比很低

保本基金其实是性价比很低的基金，其为了保本而需要投资者付出的成本是偏高的，包括时间成本、流动性成本和比较低的收益率。

案例

李先生临近退休，对投资的风险承受能力不高，只希望闲余资金能够稳定地增值。后来听说有保本基金这种产品，就在中途参与申购了十多万元。之后经历了2008年的金融风暴，李先生查询净值突然发现这笔投资的亏损幅度居然达到10%，这让李先生吓了一跳。更让他耿耿于怀的是，当持有这只保本基金至保本期结束时，李先生的这笔投资只刚刚回本而已。但参照同时期的基金，收益率其实都超过了这只保本基金几个层级。

分析

保本基金绝对不是随时随地都保本的。对大多数保本基金来说，只有在保本周期开始的认购期内认购，同时持有到保本周期结束的时候，你才能获得保本。但“保本”的概念却不尽然如此，有的保本基金，你即使在认购期买入持有到保本周期结束，也未必是100%保本。

有的保本产品在设定保本条款时，扣除了认购的手续费。也就是说如果你买入100万元保本基金的手续费是1%，那么最后你的保本金额就是99万元+认购期时候这笔钱所获得的利息收入(这部分基本可以忽略不计)。不过也有不少保本基金，把手续费也计算在保本金额之内，可以达到100%保本。另外也有个别保本基金，可以按照1.01元来保本。情况各不相同。

另外值得注意的一点是，多数保本基金，如果你只是在保本周期中间申购的话，是不能进行所谓保本的。你必须支付申购费，而且即使持有到期，如果市场不佳发生亏损的话，保本是和你无关的。也有例外，只有极少数两只保本基金，提供中途申购的投资者资金保本。

说实话，其实保本基金的好处远远没有基金公司所宣传的那么好。保本基金的保本是有诸多条件的，尤其是你必须持有满一个保本周期。一般一只保本基金的周期在3年左右，通常如果投资者可以持有一只基金那么长时间，如果只是买入一只债券基金，资金不发生亏损的概率至少可以超过95%，而且其收益率水平一般可以高于保本基金。

过去两年，保本基金的平均年化回报率不超过2%，而过去两年年化回报率超过2%的债券基金比比皆是，随手可得，而且流动性非常好，可随时申购、赎回。当然你也可以说保本基金的优势在于100%保本，而债券基金不具有这种特性。但不得不说，保本基金为了保本而需要投资者付出的成本是偏高的，包括时间成本、流动性成本和比较低的收益率。只有在保本周期中经历了大牛市，保本基金的收益率才可能比银行3年期定期存款收益率来得高。

点评

经受不住一点点亏损的人其实还不如选银行定期存款。如果可以经得起略微亏损的可能性，那不如选二级债基，通常情况下可以获得的低风险收益要比保本基金高，而且流动性佳。年景不佳的时候，保本基金虽然最后到期可以提供保本，但中途也有可能亏损得让你心惊肉跳。这类产品的性价比其实真的不高。

19 “最赚钱的指数”只是噱头

每家公司都会号称自己指数基金所跟踪的指数长期表现卓越，但真有这么卓越吗？其实没有最好的指数，只有某个阶段表现不错的指数。

案例

周小姐在银行工作，业余时间对基金相当感兴趣。过去一直听说指数基金这种被动投资方式反而比主动型基金强，于是周小姐收集了各家公司关于旗下指数基金的宣传资料。不过让她深感困惑的是，几乎每家公司都把自己的这只指数吹得神乎其神，不仅号称是各类指数中最好的，历史表现看起来也都十分惊人。

两年前周小姐买入一只该公司自称“超级指数”的指数基金，结果至今被深深套牢。而且查阅类似基金的表现时，周小姐发现这只基金的表现和其他指数基金存在巨大差距，远远落后于指数基金的平均水平。但宣传材料上又明明写着这只指数过去几年的表现远远超过其他多数指数，这个问题让她极为困惑。

分析

基金公司在发行指数产品时一定会说自己的指数具有无可比拟的优点，你听上去多半会觉得煽动力十足。而且通常会有人拿出一张图表，告诉你该指数的历史表现远远超越了其他指数。图表上你可以看到这只指数的曲线在其他指数之上，显示出无与伦比的吸引力。“领跑”这样的词语出现频率也很高。一般来说，如果只是看这些资料，基本上会以为这就是众多指数中最好的指数。

但问题是，几乎每家公司都是这么标榜自己的指数。其实在过去几年里，人们总是可以找到一段时间，使得这只指数在众多指数中显示出比较好的竞争力。而且由于指数实在众多，如果只是对表现超过这只指数的其他指数只字不提，一般也没有人会想起来。

更重要的一点是，很多新研发出来的指数，都是在过去的历史数据上做金融工程而选出的样本股，自然在回溯历史数据的时候，你会发现它们表现似乎很好。就好比你在一堆数据中，找出10个最大的数字是很容易的，回过头去看，显而易见这10个数字的确是这堆数据中最大的10个数字。但这些样本股在未来是不是同样能表现很好就很难说，即使它们每过一段时间也会进行样本股调整。

当然从另一个角度看，指数通常也会在和投资者互动的过程中提升自身的价值。有些指数会因为不受投资人认可而逐步退出历史舞台，有些则会因为频繁的交易逐步脱颖而出。所以这的确是个有意思的问题，不是三言两语可以解释的。

这就是为什么有些听上去很不错的指数过些时候看表现却很一般的原因。所以最好的指数只出现在图表中，而作为投资者通常很难预测。选择指数基金，其实也没必要沉溺于选一只最好指数的幻想里，通常大众指数比小众指数更值得关注，历史悠久的指数比新兴指数更有意义。

点评

买指数基金还是建议多考虑所谓的标杆指数，过去5年里，表现最好的是华夏中小板指数基金，其次是跟踪深证100的几只指数基金，沪深300虽然具有标杆意义，但历史表现不如前两个指数。总之，买指数基金，并不建议买太偏门的指数，指数未来能不能有较好的表现其实更多时候取决于你对未来一段时间市场风格的判断。

20 长期投资不是万能灵药

长期持有一只基金未必会有好结果。尽管长期投资是一种不错的理念，但必须建立在你有足够理由去长期持有这只基金的基础上，买基金和赎回基金的时点选择其实一样重要。

案例

吴小姐在听了一次讲座后，成为了坚定的定投基金爱好者。她从2006年开始定投两只基金，每个月月初投资4 000元，每只基金2 000元。到2007年时所投入资金的收益率已经相当可观。接着经历了惨痛的2008年，若干次大跌后，她发现所投资基金的收益率变成了负数。2009年的反弹后，定投资金的总体收益率回归到个位数。在半死不活的2010年和2011年之后，她的定投资金至今仅是微利。对于这5年的长期投资，吴小姐对结果感到有些失望。

分析

基金公司一定会鼓吹长期投资，因为当你的钱交给他们打理时，意味着基金公司可以长期收取管理费。而银行一定会鼓吹你经常换基金，因为一来一去手续费就能变成银行的收入。当然有时候基金公司人士告诉你长期投资也未必是存心骗你，因为很多基金人士自己也被这种想法忽悠而深深套牢其中。

实际上是不是长期投资，本身并不是重点。对于一只净值可以一直往上走的基金，长期投资绝对是值得的。而如果一只基金的表现像上证指数这样半死不活，那长期就是没有意义的。如果你采用的是定期定额的方法投资基金，那么更要找到方法才行。比如你可以在市场下跌过程中开始定投基金，并且在市场上扬、定投的收益率达到20%左右赎回。然后再从下跌时开始定投。按照这种方法的收益率会比呆板的长期定投收益更高。

不要过于相信别人对你说长期持有一只基金能有多么可观的收获，这种情况并不适合所有的基金,而且只有在单边上涨的市场中才能让你斩获巨大。首先,指数基金并不适合长期持有,至少对 A 股市场这样机制不健全的市场来说,长期持有一只指数基金结果也许不会太妙。其次,即使是一只主动型基金,是否适合长期持有也很难说,也许基金经理变更了,也许这家公司的股东突然换了,都可能成为这只基金不适合继续持有的理由。所以对投资者来说,经常回顾和反省自己的投资是很有必要的。

长期投资是一种不错的理念,但必须建立在你有足够理由去长期持有这只基金的基础上,不是愚昧地为了长期而长期。基金公司在鼓吹长期投资的时候,的确有一定的理论依据,但它们绝对不会告诉你,什么时候你应该赎回了。而就像投资股票一样,通常抛股票时点的掌握比买股票难得多。你完全可以长期投资基金,但绝不代表你应该长期持有某一只基金。

点评

申购基金的时点其实和赎回基金的时点一样重要。理想状态当然是在市场低谷时买入,在市场高峰时赎回。如果你不能判断什么时候是低谷,那么就在市场相对低点的时候分批买入,或者定期定额投资,然后在有一定斩获的时候赎回。选一只比较靠谱的基金是关键。由于基金本身有一定的申购和赎回费率,所以像买卖股票那样频繁操作完全不可行,但你完全可以在合适的时候考虑赎回。长期投资不是教条的。

银行理财经理不会告诉你的10个秘密

这金条做工真精美！
实际它的价格包含了很多费用，
所以账户金更适合你……
××银行

说起理财，银行的理财经理一直是大家信赖的专家。然而你有所不知的是，他们的话在很多时候并不靠谱，甚至为了达到自身的目的，会把许多不明就里的投资者引入误区。这次我们就通过仔细分析，为你揭开他们时常会隐瞒的 10 个秘密。

谈到理财，你可以不去基金公司，可以不去信托公司，可以不去保险公司，甚至也不用去证券公司，但你不能不去银行。基于历史和现实的原因，银行几乎是个人客户接触金融业务的窗口。尽管我国还实行严格的分业经营制度，但是银行几乎是大部分金融业务的平台和渠道。尤其是随着个人理财业务的发展，不少商业银行把“零售银行”业务作为了重要的发展战略，建立起了从大众客户、贵宾客户到私人银行客户的综合金融服务体系。

从“高柜”到“低柜”

从“高柜”到“低柜”的转变，正是银行理财业务发展的写照。伴随着财富增长和个人理财业务的发展，传统的银行业务也在进行转型，越来越多的商业银行把“零售银行”写进了自己的发展战略中，在传统存贷息差收入之外，中间业务收入的占比逐年提高。银行从清一色的“高柜”经营，到在银行网点设置为个人提供理财服务的“低柜”。在此基础上，只设有“低柜”服务的理财网点、装修豪华的贵宾理财中心、私人银行也应运而生。

随之提高的是银行在个人理财业务中的地位。“渠道之王”，有人这样形容银行。除了自有的存款、贷款、信用卡、银行理财产品，银行平台上代理的产品包括开放式基金、保险、信托、贵金属等等，打造出了全面的“理财超市”。“全能型”的设置打造了银行在个人理财中不可动摇的位置，这是证券、基金、保险等其他金融行业完全不可匹敌的。

与之呼应的，理财经理这个职业也开始进入了大众的视野。他们不再坐在高高的柜台后面，他们是“低柜”工作人员；他们和客户聊天，他们主动推送信息给客户；他们是综合金融服务的提供者，从个人理财规划、银行理财产品到基金、股票、保险、黄金、信用卡，他们必须无所不知；他们拥有较高的学历，通过了各种从业资格考试，不少人还拥有 AFP、CFP，甚至 CFA 证书。

如果我们把银行比作“金融超市”的话，那么理财经理相当于超市的销售员。也有人把理财经理比喻为客户的“保健医生”，和基金经理这些“专业医生”的职责所不一样的是，“保健医生”为客户们提供日常的健康护理，维护客户的财务健康。从某种意义上说，身为“保健医生”的理财经理们与客户拥有更加紧密的关系。

从纠纷看理财经理影响力

理财经理必须拥有严格的道德操守，这是理财经理守则中的第一条。然而，从理财业务的兴起开始，客户与理财经理之间产生的纠纷就没有停止过。近期，诉诸报端的两则理财纠纷就与理财经理相关。

一是“宋文洲事件”。个人投资者宋文洲 2008 年经理财经理推荐，投资于渣打银行的两款结构型产品，投资金额达到了 6 400 万元。据宋先生向媒体介绍，他之所以购买渣打银行的巨额理财产品，一个原因是自己此前在中国银行的客户经理跳槽至渣打银行，他也是典型的“跟着理财经理跳槽”。而且，理财经理对这款产品的承诺是“基本上是可以随时赎回”，“利润比较好”。但是理财经理没有向宋先生说明的是，他所购买的产品分为 A 计划和 B 计划两个部分，其中 A 计划不得提前赎回，在一定的市场条件下产品自动转为 B 计划，而 B 计划是一款无止损机制的产品，但投资者可以提前赎回。

产品进入投资期后，不明就里的宋先生屡次向银行提出了提前赎回的要求，却多次被客户经理“挽留”并拖延客户指令。然而随着金融危机的爆发，宋先生所投资的这款产品已经出现了巨额亏损，本金只剩下零头。

另一起理财纠纷来自山东青岛，王女士在深圳发展银行购入 180 万元的理财产品后亏损成 1 万多元。这宗不可思议的亏损，实质是理财经理“赤裸裸”的欺骗。理财经理不仅将高风险的黄金 T+D 业务描述为“百分之百的本金保证、最低 5% 的收益回报”产品，并违规地进行代客操盘。

诚然，这两起理财纠纷都是个案。在严格的监管体制下，合规销售是各家银行的重中之重。与保险代理人松散的管理体制所不同的是，理财经理作为银行正式员工，所受到的约束、监管要严格得多。加上如有违规行为，对银行的声誉将造成巨大的负面影响，因此银行在内部管理上有较为严厉的惩罚手段。对于理财经理来说，违规成本是非常高的。但是，从这些理财纠纷中我们也可以看到，作为直接与客户面对面的银行工作人员，理财经理的推荐、建议会对个人投资者产生极大的影响力。

是理财经理还是销售经理

正是基于理财经理对客户所产生的巨大影响力，在注重零售业务的银行体系中，一线的理财经理成为了为银行带来中间业务收入的主力军。从某种意义上说，理财经理就是销售经理。“卖基金、卖保险、推销信用卡”，一些理财经理这样形容自己的工作内容。

一方面，这与理财服务的特点有关。作为理财经理，当然希望自己的服务得到应有的回报。但是理财服务的对象——个人客户极少愿意为服务付费，“买产品，而不是买服务”，这是客户的普遍心态。因此，理财机构和理财经理只能够通过产品的销售获得佣金回报，佣金报酬既是银行，也是理财经理重要的收入来源。如基金公司叫苦不迭的渠道费用就是一个典型的例子。基金公司除了要向银行支付销售费用外，还需按照基金份额的总量支付一定比例的尾随佣金。对银行来说，要提高中间业务收入，谁出的佣金更高，就重点销售谁的产品。这就导致了在理财服务的过程中，很难做到“以客户需求为导向”，而是一种典型“销售型导向”机制。

另外一方面，也与银行的考核机制有关。对于大部分银行来说，所销售的产品都是同质化的，在市场竞争越来越激烈的环境下，必须不断推进销售，加大考核力度，以提升银行的市场份额。存款有指标、贷款有指标、理财产品销售有指标、基金销售有指标，指标从分行分解到支行，最终落在第一线的理财经理身上。在银行越来越赚钱的同时，竞争也越发残酷。如某银行所采用的考核方法为，将业绩相近的几家支行分作一组，每日考核支行在组内的排名，支行行长、理财经理们的压力可想而知。在上海的银行业，已经开始引入“心理辅导”的做法，银行员工、理财经理每周必须参加心理辅导，以提高应对压力的心理素质。

“秘密”给客户带来隐性损失

要完成各种各样的指标，要获得更高的佣金回报，加上银行严格的监管制度，这就导致了理财经理在面向客户进行产品建议和推荐时不得不使用一些“技巧”。

如在外资银行，由于产品线的缺乏，既没有作为基本投资工具的开放式基金，又缺乏能够和中资银行竞争的理财产品，加上结构性理财产品和 QDII 的“声誉”不佳，只得把重点放到了回报较高的银保产品上。与中资银行相比，外资银行的理财经理在理财规划和产品建议中，会更多地使用到各种投资型保险产品。

在中资银行销售基金的过程中，理财经理们更愿意向客户优先推荐考核指标较高、佣金回报较多的基金，甚至为了赚取佣金，理财经理经常建议客户调整自己的投资计划，使客户们无所适从。

有时候，理财经理们为了争取更多的贷款，在进行产品介绍时会使用一些花招，如担心客户被较高的利率吓跑，就使用“还款计划表”来作为替代，缺乏专业知识的客户们往往不明就里地签约。

这些理财经理的小秘密，在下面的文章中将有具体的介绍。严格意义上说，理财经理的这些秘密并没有违规。但是从“把正确的产品卖给正确的人”这一点来看，这些秘密在不同程度上给个人客户们带来了隐性的损失。事实上，这是个循环的死结——客户不愿意为理财服务付费，导致理财经理的服务只能以产品销售为导向，他们必须向客户重点推荐对自己更有利的产品。因此，在市场环境不改变的前提下，这一现象不可能得出完美的解决方案。但是对于个人客户来说，相信我们在文章中所揭示的 10 个秘密，能够为你了解各种理财产品、提高理财专业知识带来一定的收获。

21 为"高收益"资金搬家并不合算

一些银行推出短期高收益产品以吸引投资者资金搬家，但是考虑到投资的起算时间等，产品的实际收益往往低出不少。尤其是在季度末、月度末，银行往往会推出高收益的产品以达到完成考核的目的，投资者还需认真比较，不要被数字所迷惑。

案例

王女士是A银行的客户，这几年的股市伤透了王女士的心，她索性把全部资金撤出了股市，专心投资于银行理财产品。她发现，每次快到季度末时，市场上总有一些格外有吸引力的产品推出。

这天，B银行的理财经理向A女士隆重推荐了一款他们银行即将推出的理财产品，产品的投资期为1个月，预期年化收益率达到了4.2%，"如果投资金额达到50万元的话，能有4.5%的收益率"。比较之下，王女士非常动心，因为A银行近期几款产品的收益率不足4%，她准备将资金搬家到B银行以获得高收益回报。

分析

"收益率"是理财经理们最具有说服力的法宝，尤其是在同质化的理财产品市场上，投资者在选择产品的时候，最为关注的就是产品的收益率。

不过，收益率和产品实际获得的收益并不是一回事情，在很多情况下，还会受到实际投资时间、产品的销售费率等因素的影响。

如产品的实际投资时间就是一个很关键的影响因素，尤其是产品期限本身较短时，实际投资时间会显著地摊薄产品的收益。

举个例子来说，B银行所发行的这款1个月债券理财计划，产品所注明的投资期限为1个月，预期年化收益率为4.5%(针对50万元以上的投资者)，但是这款产品的发行募集期设置为5天的时间。在5天内，投资者的资金需进入银行账户，但仅能够按照活期存款的利率来获得收益。一些投资者为了不错过产品，往往不得不在发行初期就把资金存在银行账户上。除了募集期这段资金"在途时间"外，产品期满后本金收益的返还也需要花费一定的时间。仍然以上述这款产品为例，产品合同中规定，银行将在不迟于3个工作日内进行本息的支付返还，在到期日与支付日之间不计利息收益。同时，这里所注明的是"工作日"的概念，周末时间并不计算在内。

因此，我们可以看到这款产品的实际投资时间最短也有39天，比理论投资期限增加了近30%，实际的年化投资回报仅有3.58%。对于王女士来说，与其把资金在银行之间搬来搬去，倒不如直接选择A银行的产品省时省力。

点评

出于应对监管考核的目的，不少银行都会选择在月末、季末发行一些高收益的产品以达到"冲时点"的目的。尽管银监机构已经加强了这方面的监管，但这样的现象并未杜绝。

除了使用上述案例中的比较方式，投资者也可以通过对产品的实际在途时间及分摊后的收益进行比较来算一笔账。对于一笔10万元的资金来说，投资期为1个月，产品的收益率提高1%的话，资金收益仅提高83元。而对于银行资金搬家来说，可能涉及到转账费用、交通成本、新开户费用等，可见为一些临时性的高收益产品动辄资金搬家并不明智。

22 有些“存款”不是存款

一些理财产品或是投资工具冠以了“存款”的名称，但它们并不是存款，有的还具有较高的风险。如一些银行推出的“投资存款”，是将普通的外汇存款与外汇期权合二为一。由于期权合约的加入，产品具有高风险、高收益的特征。

案例

由于人民币升值，一些手中持有外币的投资者陷入了两难，他们迫切需要寻求到为外币保值增值的渠道。然而，选择了“高收益”的投资存款，却产生了意想不到的亏损。“存款”也不安全了吗？

子女在美国工作，老张夫妇的生活也成了“双城记“，每年有一半的时间他们都在美国照顾孙儿，因此美元也就成了老张的必备资产。前不久，老张在一家外资银行购买了一笔3个月的“投资存款”，据说收益非常可观。可是到期时却发现，自己的美元存款统统变成了澳元，由于澳元的贬值，老张的存款也缩水了。

分析

尽管名称是“存款”，但老张所购入的“投资存款”却不是存款，而是一种加入了外汇期权的衍生产品。尽管可能产生潜在的较高收益，但其风险远远高于存款，当汇率走势与协定汇率背道而驰时，就将自动进行兑换。

原来，在签订这种“投资存款”的产品合同时，存在着两种货币，投资者存入的是A货币，可以选择与之挂钩的货币为B货币。在投资期限上，不同的银行可以提供很多种期限供投资者选择，如短至1周、2周，长至1个月、2个月、3个月、6个月，等等。这一投资期限既是存款的存期，也是内嵌期权的期限。

但是，和存款有所不同的是，在签订合同时，投资者还需要与银行约定一个协议汇率。事实上，这个协议汇率也就是期权的执行价格。在期权的执行价格的基础上，也会有不同的费率，即是期权的价格。

当投资期满，如果实际的汇率高于协定汇率，即A货币相对于B货币贬值，那么不仅本金为 A 货币保持不变，还可获得存款利息和期权费收益；反之，如果实际的汇率低于协定汇率，也就是 A 货币对 B 货币升值，那么本金将被转换为 B 货币，按照此时的汇率来进行折算的话，投资者就会有本金上的损失。另外，投资者还可以获得存款利息和期权费收益，这一点是相同的。

如老张所购入的就是美元/澳元的投资存款，由于澳大利亚央行 5 月突然大幅度降息，澳元汇率也随之走低，加上近期美元保持强势，导致产品到期时澳元/美元的汇率低于协定汇率，老张投资时的美元就被转换为澳元，对于存在美元需求的老张来说，就产生了较大的损失。

点评

事实上，这种“存款＋外汇期权”的双货币理财产品在 2009 年时就给投资者带来较大损失。一些银行也将原“双利存款”等名称更改为银行外汇期权类结构性理财产品。然而记者发现，仍有一些同样的产品被冠以“存款”的名称，加上理财经理对风险揭示的缺漏，导致仍有投资者对此类产品产生误解并直接遭致投资损失。

23 房贷理财收益低于市场水平

并非所有存入"房贷理财账户"的资金都可以用来抵减房贷余额,而是采用按比例提取一部分资金的方式获得贷款利率与活期存款利率之间的息差收益。如果分摊到所有资金上,这一收益率并不具备优势。

案例

既担心提前还贷影响资金的流动性,又希望减少房贷利息的支出?理财经理给出的方案让你有种"迎刃而解"的感觉——把资金存在"房贷理财账户"上,这笔资金既可以用来抵减房贷余额以降低利息的支出,又能够在需要时随意支取,不会影响到资金的流动性。

年初时,刘先生准备了一笔资金用于提前还贷,前几年刘先生买入的一套房产还有 80 万元的贷款余额。不过,由于已经申请到了 7 折的优惠房贷利率,刘先生很担心一旦提前还贷,再想获得成本这么低的贷款恐怕就不可能了。但是,刘先生也没有找到合适的投资渠道。银行的理财经理为刘先生推荐了"房贷理财账户",50 万元的资金不用提前还贷,却可以抵减房贷余额降低利息支出。可是,几个月下来,刘先生却发现"房贷理财账户"的运作完全不是这么一回事情。

分析

原来,理财经理没有向刘先生解释清楚的是,并非所有存入"房贷理财账户"的资金都可以用来抵减房贷余额,而是采用按比例提取一部分资金的方式获得贷款利率与活期存款利率之间的息差收益。

具体地来看看刘先生遇到的实际情况吧。目前,刘先生的房贷余额为 80 万元,他有一笔 50 万元的资金存入到贷款银行的"房贷理财账户"中。按照业务规则,这笔资金可以获得相当于"贷款利率－活期存款利率"的收益率,以用于弥补没有提前还贷而产生的利息支出。

但是,按照这家银行的规定,首先,"房贷理财账户"上要扣减 5 万元的账户余额，这部分资金不得纳入计息的行列；其次，超出的部分只有其中的60%才可按照“贷款利率-活期利率”的水平获得收益。

因此，对于刘先生来说，50万元的资金，事实上只有(50－5)×60%＝27万元的部分可以获得“贷款利率－活期利率”的收益水平。

其中，刘先生享受的7折后优惠贷款利率为7.05%×0.7%＝4.9350%，活期存款利率为0.5%，因此这27万元资金获得的年化收益率水平可以达到4.935 0%－0.5%＝4.435 0%。

这一收益率水平虽然看上去还比较理想，但是如果我们把这笔收益分摊到刘先生实际投入的50万元资金上，就会发现这笔“房贷理财”的实际年化收益率水平仅为2.394 9%，这一收益远低于市场平均的货币基金七天年化收益率，也低于一些活期理财产品，而这两种产品在流动性上完全能够达到“房贷理财账户”对于资金使用的要求。

点评

银行推出“房贷理财账户”这样的产品是非常讨巧的，在没有降低贷款余额的同时，银行增加了存款额，在业务指标考核时起到了“存贷双收”的目的。对于贷款客户来说，选择这样的产品则需要了解的是理财账户收益的实际计算方式。不同的银行对于资金的分档、收益的计算各有其详细的规定，银行之间收益差距也很大。如果“房贷理财账户”的收益水平低于市场水平，倒不如选择一些活期理财产品，同样能够满足你的需要。

24 被隐瞒的贷款利率往往很高

一些消费贷款、无抵押贷款的利率通常较高，为了吸引贷款人，理财经理通常会使用一些小的花招，如选择“还款计划表”作为替代答案。贷款人不具有专业知识，很容易被不同的利率计算方式所混淆。

案例

马女士经营着一家广告公司，这段时间市场不景气，马女士的现金流也出现了一些问题。她一直考虑着，申请一笔短期的银行贷款来缓解暂时的资金压力。

马女士计算了一下，自己大约需要20万元的资金就可以渡过难关，申请适合小企业的信用贷款，既不需要办理抵押担保手续，银行还允诺，符合条件的话，5个工作日内就可以放款。

马女士最关心的是，这种贷款的利率是多少？可理财经理给出的答案却令人有些费解。“我想申请20万元的贷款，2年还清，理财经理为我试算了一份还款计划。按照这一计划，使用等额本息还款法，每个月还款9 984元就可以了。”马女士觉得，每月还款额属于自己能够承受的范围，但是这笔贷款的利率究竟是多少？

分析

对一笔贷款来说，利率显然是一项核心数据，为何理财经理会三缄其口，使用还款计划表的方式来回答马女士最关心的问题呢？

如果我们使用财务试算计算出这笔贷款的利率，就能够知道其中的奥秘了。我们可以使用Excel中的财务函数rate。输入期数Nper = 24，每月还款额Pmt = －9 984（此处应输入负值），贷款金额PV = 200 000，就可以得到月利率为1.5%，换算成年利率在18%左右。

事实上，对于大部分希望到银行办理贷款的客户来说，年利率8%～10%是一个可以接受的范围，对于高出这一范围的利率，贷款客户往往难以接受。因此，理财经理通常会使用一些小的花招，比如不直接告诉客户这一贷款的利率是多少，“还款计划表”是最典型的一种替代答案。由于还款计划表是真实的，因此从理论角度上来看，理财经理并不存在着“欺骗、隐瞒”的行为。

但是，对于很多非专业人士来说，仅仅通过还款计划表是很难了解到其中内含的真实贷款利率的，他们也不清楚如何逆推算出实际的贷款利率。因此，他们很可能在这样的状况下接受贷款合同，但承担的利率成本远远高于自己的预期。

另外需要提醒你的是，在介绍贷款时，理财经理还可能使用一些不科学的方式误导贷款人。如在案例中，贷款人申请 20 万元贷款，贷款期为 24 个月，每个月还款 9 984 元。

理财经理的推算是：本息合计就为 9 984×24＝239 616 元，利息支出是 39 616 元，除以 20 万元的本金，得到总成本为 19.81%，分摊到两年，年利率不到 10%。

看上去这种算法无可挑剔，可是别忘了，在两年的贷款期内，贷款人采用的是每月还款的方式，每个月一边支付利息，一边偿还本金，因此占用银行的资金一直在逐月减少。而理财经理的这种算法，适用的情况是，贷款两年，到期时一次性还本付息 239 616 元。两种还款方式有着本质的不同，实际利率也就完全不一样！

点评

如果我们知道了理财经理的秘密，那么在申请贷款时，你一定要掌握其中的要领。是的，没有错，无论理财经理使用怎样的替代答案，我们必须要求理财经理准确告诉我们贷款的实际年化利率是多少，并把这一利率写入到我们的贷款合同中。请记住，这并不是一个过分的要求。

25 "精品基金"只是噱头

当理财经理经常推荐与客户风险偏好不匹配的基金产品时，或者经常出现投资计划的调整，没过几个月就向客户介绍新的基金以取代原来的投资对象，你就有必要怀疑他的真正动机了。

案例

一周之内，曹女士已经收到理财经理的第三次短信了——"我行正在销售某某基金，主要投资于债券市场，在今年的市场环境下尤其适合稳健投资者的需求，欲申购基金可与理财经理电话联系"。

曹女士说，有时候理财经理甚至直接致电，希望曹女士帮助申购一部分基金产品。曹女士说，自己就曾经遇到过理财经理直接表示申购金额达到一定的数量级，可以获得一定比例的返佣。

不仅如此，在很多银行网点，一些理财经理会重点推荐一些"精品基金"。"这是我们银行精选出来的基金品种，具有较好的投资潜力。"然而，一些投资者也会发现，"精品基金"的表现并不如理财经理所宣传的那么出色，有时候还会落后于其他的基金品种。

分析

能否保证理财经理的独立性和客观性，无论是对于财富管理银行还是第三方理财机构，始终是个难解的问题。

一直以来，银行在基金销售中占据着最有利的渠道地位，这已经成为"公开的秘密"。在"精品基金"的行列中，也不乏银行重点营销的品种。

如银行系基金公司的产品，一直拥有强大的渠道支持，原因就在于发售基金时同系银行不遗余力地推广。"必须达到一定的销售额，否则考核就难以过关。"一些理财经理无奈地表示。对于这些基金，理财经理在为客户进行产品建议时往往会优先推荐，甚至使用非常规的手段。如在一些银行仍悄然存在着申购基金返佣的做法，将渠道佣金的一部分或是全部返还给客户，以达到完成销售指标的目的。有时候理财经理会建议客户，若实在需要资金，可以在申购结束后封闭期满就赎回产品。“不得已的情况下，银行员工自己也要进行申购。”一位理财经理告诉笔者。

在市场不振的大环境下，随着基金公司转向于“基金定投”，我们也会发现无论是银行营销还是理财经理推荐时，基金定投的聚焦率也在不断提升。一些尾随佣金较高的基金品种，也成为了重点推荐对象。甚至理财经理建议客户赎回现有的基金，改投重点基金。

点评

对个人投资者来说，面对理财经理的建议，也需要具备一定的自我判断能力。首先，理财经理所推荐的产品类型是不是投资者所需要的？比如理财经理一味向追求稳健收益的投资者推荐风险较高的产品，或者经常出现投资计划的调整，没过几个月就向客户介绍新的产品以取代原来的投资对象，你就有必要怀疑他的真正动机了。同时，也可以借助于一些独立机构对基金产品的评级、研究报告进行基金的选择。

值得一提的是，对于一些基金营销中的诱惑，投资者也要意识到其中的风险因素。如一些股票型基金在申购推广时，承诺给予投资者一定比例的返佣。理财经理有时候甚至建议客户在获得佣金后再赎回基金。但是对于新发基金来说，募集期结束后有一段时间的封闭期，在市场疲弱的环境下，封闭期结束时新基金很可能已经出现了亏损。这时候，投资者无异于“丢了西瓜，捡了芝麻”。

26 银保产品并非包治百病

选择保险产品应以保障为先，保险产品在其功能上的一些特殊性和局限性需要我们有全面的认识。从这一点来说，许多所谓的银保产品并不适合我们。

案例

“我真的需要这么多保险吗？”秦先生是一家外资银行的新晋客户，不过理财经理为他打造的一份财务规划却让秦先生产生了不解——分红险、年金险、教育险……

“我和理财经理谈到了子女的教育规划，他为我推荐了一款教育险；我希望寻找一些投资产品，他建议我选择投连险；我们聊到了退休问题，他说可以购买一份年金险……”理财经理的解释是，这些保险产品不仅可以帮助秦先生实现各种规划目标，还具有保障的功能，为秦先生的财富人生保驾护航。

分析

“财富保障人生”，保险越来越密集地出现在理财经理制订的财务规划中。一方面，这是一种值得肯定的进步，因为以往很多人都过于强调投资，甚至把理财就简单理解为投资赚钱，缺乏保障意识；但是，另一方面，我们也要清醒地认识到，保险产品有其自身的特性，包括账户管理、缴费方式、退出手段，尽管兼具有多种功能，但很多时候对于投资者来说，并不是最适合的选择。

举个例子来说，万能险、投连险是最常被推荐的投资型保险。但是从投资的角度来考虑，万能险、投连险一般都会有一定幅度的初始费用扣除率，投资者能够看到的账户收益率都是指扣除这些费用后进入投资账户的资金所获得的收益率。如果投资者是以寻求投资工具为目标的话，选择基金等产品是更加具有投资效率的选择。

又如在制订养老规划时，年金险是常见的产品。投保人趸交或是期缴一定数量的保费，在若干年后每年能够获得回报，期满时还可以退还全额保费。但是事实上，如果我们计算上时间价值，就会发现这种类型的保险真正的收益率并不能够让人满意，市场上完全有其他产品能够获得更好的回报。

点评

那么，理财经理为何要鼎力推荐保险产品呢？

其中不乏营销的成分。尤其是在外资银行的产品线中，由于投资工具相对不完善，像目前外资银行仍未获得开放式基金的代销资格，外资银行所发行的理财产品主要以结构性产品为主，很少出现中资银行常见的货币市场产品，银保产品就成为了外资银行突围财富管理市场的最有利工具。我们并非全盘否认保险产品的多种功能，但是对于投资者来说，选择保险产品仍应以保障为先，保险产品在其功能上的一些特殊性、局限性需要我们有全面的认识。

27 品牌金条不是好的投资工具

对投资黄金而言，账户金更适合交易；溢价较低的金条适合作为实物投资的对象；工艺精美、溢价高的品牌金条并不算好的投资对象。

案例

黄金热，带动了黄金投资市场的发展，我们在理财方案中也越来越多地看到黄金的身影。理财经理往往建议客户在资产配置中加入10%左右的黄金，以达到资产保值增值、抵御通胀的目的。

的确，近年来黄金牛市造就了新的投资明星，尤其是在股票市场疲惫不堪、基金表现不佳、物价指数节节攀升的背景下，黄金也逐渐从小众投资对象成为了银行重点推荐的产品，各种各样的"账户金"、投资金条、黄金T+D交易品种出现在投资者的视野里。其中，最受欢迎的当属各家银行推出的品牌实物金条，卖点在于同时满足了投资和收藏的需要。

分析

投资黄金主要出于两种目的。一是从黄金价格的上涨中获取短期收益；二是储备一定的黄金，以抵御风险。

但是，如果我们仔细分析品牌金条，就会发现品牌金条在定价时，出售的价格往往会高出金交所的报价，高出的这部分称为"升水"，原因就在于品牌金条在生产制作中为了美观的目的，增加了一定的工艺成本，加上储藏的成本、利润等，出售时的定价一般会高出实时的金交所报价20元/克。尽管品牌金条设置有回购的机制，投资者可以选择合适的时机将金条出售给银行，但是回购价格通常是以当时的金交所报价为基础，扣除2～3元/克的手续费。因此，在一进一出之间，成本就达到了22～23元/克的水平，这部分成本需要以黄金价格的上涨来弥补。

在实际生活中我们发现，当黄金价格创出新高时，很多购买了品牌金条的投资者都会到银行办理回购。在金价大幅上涨的环境下，这部分投资者仍然有利可图，但是其中的投资成本已经侵蚀了一部分收益。

相比之下，“纸黄金”的交易成本就很低了。在“纸黄金”系统中，黄金的交易价格主要由实时行情来确定，交易手续费的收取方式有两种，一种是点差，一般各银行的“纸黄金”业务中，交易点差为0.4～0.5元/克；一种是以成交金额为基数收取一定比例的手续费，在金交所与各大商业银行开设的实物黄金账户金系统中，实行的手续费率为千分之二左右。所以，如果投资者的主要目的在于依赖黄金的价格波动获得价差的投资性收益，利用“纸黄金”交易系统就完全能够实现这一点，成本也比较低。

一些投资者的心理是，要有实实在在的黄金看得见、摸得着，心里才觉得踏实。那么，金交所的实物金条是更好的选择。金交所可以提取的实物金条为100克的“小黄鱼”，附加费用较低，除了交易时千分之二的手续费外，提金时只需要缴纳一笔2元/千克的提金费用。尽管金交所没有推出完善的回购渠道，但像工行、交行、光大等已经开通了无障碍回购，回购的成本为8～10元/克。对于有藏金需要的投资者来说，这一类型的金条是成本最低的选择。

点评

尤其想指出的是，黄金尽管具有保值增值、抵御风险的作用，但是作为投资对象来说，是一种高风险属性的投资产品，金价的影响因素非常复杂。对个人投资者来说，又缺乏较为可行的风险对冲机制。因此，除了在资产中配置一定比例的黄金外(通常不超过资产的10%～15%)，不建议个人投资者过多地参与黄金的短线搏杀。

28 信用卡分期付款利率超过 10%

理财经理通常建议对于大额消费可进行分期付款，而分期付款虽然免息却需要收取费用。特殊的收费方式使分期付款的实际成本远高出费率的水平。

案例

对于大额消费，理财经理通常会建议持卡人选择分期付款的方式，分作几个月或是一年来分期偿还消费欠款。这种分期方式不产生利息和滞纳金，很多人也非常喜欢这种提前消费的方式。

"关键是费用很低。"小苗就很喜欢用分期付款应对大额消费支出，"比如买台 1 万多元的电子产品，以我的收入水平来说一下子支出有很大的难度。可是分成 6 期，每个月只要偿还 1 600 多元。"小苗说，虽然信用卡中心会收取一些费用，但在他看来完全可以承受，"分期一个月的费率是 0.6%，6 个月也就 3.6%"。

分析

表面来看，每个月 0.6%的费率并不算高。不过，如果我们考虑进信用卡分期付款特殊的收费和还款方式的话，就会发现这可不是一笔低息贷款噢。

为什么这么说呢？我们都知道，信用卡分期付款在收取分期费用时，采用的是按全部分期额的一部分比例来收取的方法。如对一笔 1 万元的消费进行分期，每个月收取的费用固定为 10 000 元的 0.6%，也就是 60 元。这部分费用的实质就是贷款的利息。但是在整个分期偿还的过程中，每个月需要定期偿还一定的资金，理论上贷款的本金是一条向右下方倾斜的斜线。按照平均贷款余额的方式来计算的话，六期分期付款的平均贷款余额是 5 833.33 元，而不是 10 000元。

因此，我们看到，实际产生的利率是 $10\,000 \times 0.6\% \times 6 \div 5\,833.33 = 6.17\%$，折算为年利率的话是 12.34%。大致上相当于银行同期贷款利率的两倍。

同样，现在不少信用卡中心推出了“预借现金”的业务，对于出借的资金也是按照分期偿付的规则进行的。如华夏银行、兴业银行等预借现金业务，可供选择的分期方式有1、3、6、12、18、24期6种，3～24期现金分期业务每月按交易金额的0.75%收取。我们使用上述的计算方式大致可以得到实际的贷款利率为14.85%，已接近市场上的信用贷款产品的利率。

点评

当然，和拖欠信用卡欠款、被高额罚息相比，信用卡分期付款能够在现在的消费与未来的现金流之间实现平衡，帮助消费者在支付能力不足的情况下达到提前消费的目的。

不过，持卡人也需要真正认识到信用卡分期付款、现金分期中产生的实际成本，并慎重作出选择。对于一些大额消费，建议你可以参加到信用卡与商户所推出的优惠分期活动，其分期的费率往往较低，甚至在厂商的贴补下会有零费率的活动，这样才能真正降低我们的分期付款成本。

分期付款贷款余额表(元)

第一期	第二期	第三期	第四期	第五期	第六期	平均贷款余额
10 000.00	8 333.33	6 666.67	5 000.00	3 333.33	1 666.67	5 833.33

29 失卡保障并非万无一失

理财经理在推荐信用卡时，经常把“失卡保障”当作卖点。但持卡人没有被告知的是，信用卡的失卡保障针对的仅是签字消费，使用了密码的消费并不在列，且失卡保障在赔付时需要经过多道繁琐的手续。

案例

“您的信用卡消费25 000元。”一条短信提示让白小姐惊出了一身冷汗，她这才发现自己的信用卡已经不翼而飞，根据短信提示来看，已经被消费了一大笔金额。她意识到，自己的信用卡被盗了！

白小姐记得自己在申请信用卡时，银行理财经理曾经介绍过，她办的这张信用卡拥有48小时失卡保障，本以为这是一根救命稻草。但是让白小姐没有想到的是，打电话进行挂失和申请失卡保障时，信用卡客服中心的工作人员告诉白小姐，由于白小姐的信用卡开通了密码功能，在刷卡时需要提供密码，并不属于失卡保障的范围，由此发生的损失要由白小姐自己来承担。

分析

一些信用卡在进行推荐时，都把失卡保障当作了亮点，这也是持卡人的安全保障措施之一。但是，如果你简单地以为银行将承担所有的被盗损失，那么你就错了。事实上，失卡保障大多设有条件范围。

如白小姐所遭遇的情况，便是典型的非保障范围。这家信用卡中心规定，使用密码的交易及网上交易、电购、邮购交易产生的损失，都不属于被保障的范围。原因在于，使用密码进行的刷卡消费，都视同持卡人的操作。

我们对设有失卡保障的信用卡进行了信息搜集，除了交行的“用卡无忧”服务，持卡人通过POS机刷卡签字完成的交易，挂失前48小时所发生的损失，不论是否设置密码，包括凭“密码＋签名”方式交易的盗刷也可以获得赔偿外，其余的信用卡“失卡保障”的保障范围均不包括密码方式的交易。而交行信用卡的这项服务每个月需要收取4元的服务费用。

不仅如此,“失卡保障”在进行赔付时,申请过程也颇为繁琐。一般的流程为:持卡人发现信用卡丢失或被盗、被抢—持卡人致电信用卡中心客服申请挂失、缴纳挂失手续费—查核是否有盗刷交易。若存在盗刷交易,则需填写《失卡保障申请表》、准备其他完整的索赔资料—快递至卡中心指定地址—等待处理结果。若不存在盗刷,则只需申请补办新卡。

其中,失卡保障所需要准备的理赔单证包括:公安机关出具并盖章的报案回执原件、索赔持卡人的身份证明原件、信用卡索赔消费明细和挂失证明等。这使得持卡人必须与公安机关、信用卡中心,甚至盗刷发生地如商户交涉,丝毫谈不上轻松。通常卡中心会在收齐全部资料后的30日内给予持卡人答复。

点评

因此,持卡人在保管、使用信用卡的过程中,对于密码的保护仍然是个重要的环节,切不可以为信用卡拥有“失卡保障”就认为万无一失。

这也引发了对信用卡要不要使用密码的争议。尽管从“失卡保障”的角度来说,信用卡不设有密码更有利于获得失卡赔付。但是,从我国目前的用卡环境、安全措施防护来看,建议持卡人消费时选择“密码+签名”的方式,并对密码进行安全防护。

30 理财规划雷同居多

在各种理财师资格认证考试和培训中，为客户制订财务规划，基本上使用的是同一思路。由此，在理财经理的实际咨询、建议过程中，经常会出现“思路”变“套路”的情况，制订出的理财建议千篇一律。

案例

傅先生经营着一家小企业，2013年的市场需求状况不佳，傅先生的公司经营也遇到了不少问题，现金流匮乏是傅先生面对的最大难题。不得已之下，傅先生动用了不少家庭的资金。但是，他又很担心，这会不会给自己和家庭的财务带来风险。

傅先生请银行的理财经理为自己做了一份理财建议，但是让傅先生很失望的是，理财经理的很多建议都与自己的实际状况脱钩。

“比如理财经理建议我每个月做一些定投的方案，并帮我选择了几只不同的基金以达成风险配置的目的。”可是，傅先生说，作为企业主，他不可能像职场人士一样获得固定收入，收入的周期较长、波动也比较大，“定投方案对我来说很难操作。”“又如理财经理为我制订的一些融资方案，基本是房产的抵押，而我希望的是，以小企业主的身份来进行有针对性的融资。”

经过比较，傅先生还发现，很多理财经理的理财建议、理财规划都很雷同，“无非是收入的能力不一样，投资的金额不同”。他很想了解的是，理财规划是如何制订的呢？

分析

有不少人对理财规划的制订非常好奇，这些方案是如何制订出来的呢？介绍一下简单的思路。

一是与客户进行沟通，了解客户的财务状况、理财需求、财务规划的目标等。在此基础上，根据客户的资产、收入状况来进行数据的分析。专业的理财经理往往会生成一些财务指标，如果客户的财务指标不健康，理财经理通常会建议客户进行一些资产项目的调整，以保障财务的安全性和健康性。

其次，根据客户想要达成的财务目标和现有的资产状况，为客户制订投资计划。比如客户想要进行子女教育金的筹划，理财经理会根据未来需要的资金和现有资金计算出实现目标的缺口，并在客户的收入能力范围内，制订出投资计划，以满足未来的目标需求。

另外，理财经理也会根据客户的需要，为客户选择一些保险产品，以覆盖客户及家庭成员的保障需求。

在各种理财师资格认证考试和培训中，为客户制订财务规划，基本上都是使用的这一思路，包括一些智能的财务目标规划系统也是如此。

但是，在理财经理的实际咨询、建议过程中，经常会出现"思路"变"套路"的情况，制订出的理财建议千篇一律。如"定期定额"是大部分理财建议中使用的工具，无论客户本身的经济状况和理财偏好如何，定投肯定是用于实现各种理财目标的必备工具。

事实上，不同的客户有着各自的家庭特点、收入特征和风险偏好，一份成功的理财建议应当兼顾到客户的这些个性化特点和需求。

点评

对于客户来说，在请理财经理为自己制订理财规划时也有一些诀窍。一是对自己的财务状况如实相告。由于涉及到金钱这样的敏感信息，很多客户往往只告诉理财经理局部的信息，这就为制订出完整、合适的理财规划增加了难度。二是与理财经理充分沟通，包括自己的投资经历、偏好、未来的需求等，让理财经理更加了解你。在理财经理的选择上，客户也可以多加观察，最好选择实战经验丰富、金融知识全面的理财经理，他们制订的理财规划往往更加实用、具备可操作性。

保险代理人不会告诉你的10个秘密

吃完了就签
一下保险合同……
合同
答谢酒会

“投保容易理赔难。”总有读者向我们投诉，自己在保险公司那儿“上当了”，或是吃了一记“闷头棍”，很多事情投保前根本不知道，等到要退保或者理赔的时候，才发现问题一大堆。这次，笔者带你一起去解开保险代理人没有告诉你的那些秘密，力求知己知彼，百战不殆。

“投保的时候说得花好稻好，可是要理赔了却又说当初这个没有如实告知，那个不符合理赔要求，保险公司真是太精了。”

“收钱的时候挺快的，退保的时候，却告诉我们要大打折扣，事先我们也不知道啊。”

保险公司及其销售人员到底有哪些事情没有跟我们消费者说清楚？到底哪些事情是故意避开说的？到底哪些事情是反着说的？到底哪些事情是不能说的“秘密”？

请读者朋友们和笔者一起，通过接下来的这组文章去探究一下。保险公司没有告诉你，或者没有“清清楚楚、明明白白”说出来的事，让我们来告诉你。

核保从宽　理赔从严

核保从宽？保险公司可能会存在这种心理。因为对于保险公司而言，业务员或其他直销、代理渠道所承揽回来的保单，只要没有明显违反规定或违法的地方，绝大多数都是以“先成交”为原则。

而更大的问题其实出在投保环节。销售人员为了签单成功，也的确会使尽浑身解数来“帮助”投保人、被保险人核保成功。比如，在“健康告知书”的书面问答环节，代理人大多会让投保人一律在“否”那一项上打勾。但是如此一来，将来在理赔过程中，一旦发现投保方曾经没有如实回答，保险公司则往往会以“未如实告知”拒赔，将投保方一棍子“打死”。

还有更为恶劣的代理人员，为了让新保单顺利通过核保，会私自将被保险人的收入拉高，或者乱填被保险人的职业。比如，在后文一个“新年酒会”的案例中，62岁的冯阿姨明明已经退休，代理人员却将其年收入填写为20万元，以便为这张高缴费的保单通过核保那一关。

还有代理人员会让投保人在所有签名栏上签署名字，其余内容全部由代理人“代理”，结果投保时简单通过了，但将来理赔的时候却可能留下隐患。

而到了理赔环节，理赔人员通常都比较严格，会对各类细节一一核实、查看，如果碰上有可以不赔的理由，则通常会先拒赔。

避实就虚　偷换概念

在保险推销环节，不少销售人员也会使出“避实就虚”这一招，让消费者“中枪”。

比如常见的银行保险推销过程中，这类比较带有主观色彩的误导行为就屡见不鲜。

前几年，一位工作人员在某银行网点营业厅向王女士推荐了某个寿险公司的分红险，介绍说：“你每年只要存 6 580 元，存 3 年就可以拿钱了。这个保险不但可以为你提供 10 万元的重大疾病保障，还可以每年得到分红，一直保 10 年。”王女士一听，觉得这个产品不错。但是 10 年时间太长，工作人员告诉她存满 3 年以后可以把本金取出来，于是王女士就购买了。但是 3 年后，王女士想把钱拿出来时，保险公司客服人员告诉她，现在退保要损失 6 000 元。原来这款保险的缴费期限是 3 年，但保险期限有 10 年，在工作人员的“贴心”解答下，王女士把“存满 3 年能把本金取出来”，理解成了“存完三年就能取 100%的本金”，没想到 3 年后是可以退保，但并非拿回全部已投入的保费。

“天书保单”限制条件严苛

投保前，代理人通常会将保险利益说得比较简单，而在签署投保单之前，消费者往往还没有拿到保险合同条款。等到拿到了保险合同条款，大部分人都会嫌“像天书”（虽然已经进行了保单通俗化的工作，但毕竟是严谨的法律合同，专业术语多且晦涩难懂），就束之高阁。等到发生理赔纠纷了，才发现条款中的“文字陷阱”很多，惊呼“怎么有这么多的内容我以前都不知道”！

后文提到的关于重大疾病的一件事就很典型。2008 年，王先生在朋友的推荐下买了一份重疾保险。2011 年 3 月，他不幸被确诊患有脑囊肿。不过，就在王先生拿着相关诊断结果和保单到保险公司时，却被告知，“良性脑肿瘤的确是可以理赔的重大疾病之一。但是，你是否注意到，合同在这一病种后面有个说明，不包括脑垂体瘤、脑囊肿、脑血管疾病。也就是说，你的病不能赔”。

在保险合同中，类似的“除外”、“或者”、“等”、“及”等限制性词语非常多，有时候条件设置可以说相当严苛，但在销售前端、投保过程中，代理人“尽量”不会和你多解释。

如何战胜“信息不对称”

还有些事，则是属于不能挑明的“秘密”，有点类似“潜规则”。比如，签署了《人身险投保提示书》上最后一句“本人已知晓以上注意事项和所有风险”，则意味着保险公司有了“免责的挡箭牌”，将来若发生纠纷，投保人一方相当被动。这也是为什么看起来，最近半年各地保监局保险案件投诉量比前几年大幅降低的原因之一。因为如果你亲笔签署了这句话，保监部门也很难支持你的投诉申请。

当然，从另一方面来说，许多的问题也不能完全归结在保险公司或业务人员身上，而是在投保人。许多人总以为自己很聪明，在没有正确了解保险前，就盲目地购买保险。而且为了简便省事，在投保书、风险提示书等处随意签名，最后引起了许多的官司和纠纷。

为了战胜上述种种“信息不对称”，消费者想要保护自己的切身利益，最好的方法其实在于多了解、多思考。千万不要有“花钱的是大爷”这种心态。花了钱，当不了大爷，却成为冤大头的大有人在！

同时，也要花点心思好好阅读保险条款，无论是人身险还是车险、家财险，因为保险公司最后能拒赔，或者能克扣你已缴保费的地方，在条款中其实已经明确写明了。条款中没有的那些理由，根本不可能成为最后拒赔的理由。通过仔细阅读条款，你能发现不少有疑问的地方，然后去咨询、解决疑惑，也是为自己规避风险。

对待《人身险投保提示书》这样风险提示性质的文件，篇幅也不长，内容却很多，所以更是要花几分钟时间，来保障自己长达几十年的保单利益。

最后，一定别忘了，即便你签署了保单，仍然有10天的犹豫期，在此期间内，你可以好好地读读保单条款，好好和家人商量商量。如果反悔，此时不难！

那么接下来，就让我们来为你解开保险代理人不会告诉你的10个秘密。

31 保险公司“感恩会”=“鸿门宴”

保险公司举办的各类感恩、新年酒会上，他们最希望老年人，特别是老太太参加，那样业务人员容易“钓”到大鱼。

案例

2010年元旦假期里的一个下午，62岁的冯阿姨和同一小区的几位老邻居们一起，兴冲冲地参加某保险公司上海分公司在四星级酒店举办的“新年酒会”。

酒会上，工作人员激情的演讲，丰富多彩的抽奖活动，让参会的人们玩得很尽兴。同时，在代理人的极力推荐下，家庭经济条件不错的冯阿姨也当场签下了一份保险。根据代理人的当场介绍，这份名为“富贵人生两全保险”的分红险，只要缴费3年，每年缴费20万元，即可每年利滚利生息，每两年还有生存金返利2.25万元。

“最关键的是，他们说这份保单每年可以有9%的分红，而且对子女有很好的保障。所以我就填了我儿子做被保险人，我自己是投保人。”冯阿姨回忆说。

两年过去了，冯阿姨家里因遇急事需要用钱，她想起自己的保险。可是，当她的儿媳妇向保险公司客服人员查询后发现，已经缴了40万元保费的这张保单，如果此时退保只能拿回本金15万元，要损失本金25万元。

而且，这份保单每年的分红是按照保额分的，而不是按照已缴保费分的。虽然是年缴20万元分3年交(已交两年)，但保额设定只有25万元，实际每年可以分得红利的利率大约为1.8%，而不是当初所宣称的9%！

冯阿姨和儿子、儿媳顿时都傻眼了！

分析

冯阿姨的遭遇很有代表性。近几年来，不少保险公司的营销员会向市民的家庭信箱塞送邀请函，以“礼品回馈”、“节日感恩”、“新年酒会”、“保单服务”等名义邀请市民参加产品说明会。会议现场则以领奖品等名义要求市民在相关材料上签名。

产品说明会上，有丰富多彩的活动、讲师动情的演说，甚至有礼品赠送，有的客户一时兴起有了投保的打算,但实际上他或许并没有真正认识到保险的作用,也没有充分考虑自己到底需要什么样的产品,就盲目签单。

原本,产品说明会的初衷,意在通过联谊、讲座等形式拉近保险公司和客户的距离,并提升公司口碑。但是近些年来,这类活动变得越来越急功近利。不少寿险营销员假借公司名义召开各类形式的产品说明会,且以签单作为最终目的。

甚至有品行恶劣的营销员,可能会利用当场获得的市民签名材料,对签名进行描红、复制,编制投保材料,行为令人发指。

而近一年来,又有一些公司开始通过赠送旅游券、低价团队游等形式,拉拢中老年朋友。通过结伴旅游的方式推销。

点评

"新年感恩会"变身"鸿门宴"! 呜呼,悲哉! 怜哉!

产品说明会本是传递保险理念、促进保险销售的一种好方式,可是这种方式却逐渐变了样,其结果直接导致误导增多、投诉增加,保险业整体形象受损。这正如"鱼可食,腐鱼则不可食"一样,产品说明会本身无错,错的是利用产品说明会谋取不当利益的人和机构。

而对于广大消费者,特别是中老年市民、女性市民而言,如果去参与这些形式的活动,绝不要被一点小礼品、大抽奖而冲昏头脑,不要盲目签名,不要随意把自己的身份证号和银行卡号留下,更不要当场签单。即便碰上觉得不错的保险产品,也最好将宣传资料拿回家,与家人商量一下,再作是否投保的决定。

32 银行保险≠储蓄

银行保险不是“存点款，顺便送份保障”，银行保险还是普通保险，如果中途退保，十有八九会蚀本。

案例

顾大妈2011年4月份到某银行网点存款5万元。一位工作人员前来游说，称在储蓄柜台单纯办理存款“不划算“，到理财柜台存款可送保险，保险分红还可能高于银行存款利息。顾大妈就前往另一柜台购买了一款保险期限为10年的某寿险公司的分红险。后来，家中急需用钱，她才注意到这笔存款变作了保单。如果退保，她得损失3 000多元。

分析

“存款变保单”，对于一些只知道存钱和投资，不知道安排保障的人来说，有时候并非坏事，反而可能增强他们的保险意识，让他们慢慢开始接触保险，合理地安排家庭保障。但是，由于销售人员主观“误导”而产生的“存款变保单”情况，则会加重消费者对保险的误解。

从我们消费者的角度来说，我们自己也要对银行保险（银行里代销的保险）有一个比较清晰的认识和理解，这样才不至于被一些专业素质或职业道德不佳的销售人员“忽悠”了。

银行保险不是银行产品。一些消费者以为，银行保险产品在银行销售，自然就是银行的理财产品。因此当推销人员介绍说该银保产品有这样那样的优点时，出于传统上对银行的信任，很多消费者往往没有经过仔细询问就贸然购买。

虽然消费者是在银行的营业场所里买的保险，但实际上，这份保险合同与银行无关。如果该合同在执行过程中出现了问题，比如要退保或理赔，投保人还是要找到保险公司来协商解决，银行在这中间不会“掺和”进来。

银行保险“也还是保险”。银行理财柜台上的工作人员在推销过程中，总是喜欢将存款、银行保险、基金、银行理财产品等放在一起，向消费者进行比较式的介绍。但作为消费者，自己心里要有数，银行保险究其本质，还是一种保险产品。

银行保险不是银行储蓄，不100%保证本金安全。如果中途想要退保，肯定会出现本金的损失，这也是银行保险和银行储蓄的最大区别之一。比如前面提到的顾大妈的案例就是如此。为此，我们在购买银行保险前，不妨问问中途退保能拿回多少钱？有没有每年对应的现金价值表可以提供看看？

此外我们要学会自己计算银行保险的真正收益率，而不要盲目听从工作人员的介绍和比较。

比如，银行保险中有一个常见的险种，就是一次性缴费的分红险产品。工作人员会通过宣传资料的掩饰，告诉我们在“高中低”三种情况下，我们投入的保费会有一个怎样的累积。实际上，分红部分并非保证利益，很多银保产品的“分红”并不像消费者想象的那样“高额”。而且，每年的分红值通常都是按照保单当年的现金价值部分乘以分红率得出的结果，而不是以所有的保费投入为计算基础。比如，一份5年期银行销售的分红型两全保险，产品本身内含的年收益率为1.8%，第一年的分红收益率约为1.7%，合计起来，实际收益率是低于3.5%的。

点评

当我们走进银行，碰上工作人员推销保险的时候，要谨慎，不能偏听偏信。首先，要区分销售人员是保险销售人员还是银行工作人员，弄清购买的是保险产品还是其他理财产品；其次，要向销售人员索要投保提示和保险条款；第三，有效利用10天的犹豫期权利，一旦后悔投保，要争取在犹豫期内退保，以免产生资金损失。

记住，银行保险毕竟还是保险，绝不能简单地和银行存款、开放式基金、银行理财产品等进行同类比较，更不能作为完全的替代品。

33 签字承诺不能随意

人身保险投保提示书上的"我已了解以上所有风险"等话语的后面不要随便签字，投保者签下这句话，保险公司就可能将其作为"护身符"、"挡箭牌"，在发生纠纷后，保险公司可以据此为自己免责。

案例

邵女士两年前买了一份分红险，后来发现分红水平并不是代理人信誓旦旦所讲的那么高，于是想到了向保险公司相关部门投诉。但在投诉过程中，工作人员告诉她，因为当初在《人身保险投保提示书》上已经亲笔签署了"本人已认真阅读并已完全理解上述投保提示事项"这句话，表示投保人当时已经理解了各类分红，包括"分红是不确定的"这一点，因此保险公司投诉部门也没有办法帮她解决什么问题。

邵女士觉得保险公司相关部门在推缺责任，自己当时仅仅是在代理人提示下签署了这句话，并没有仔细查阅投保提示书上所列的各个要点，遂决定向保险监管部门投诉，目前结果未明。

分析

其实，很多人会同邵女士一样，在没有仔细查看《人身保险投保提示书》就随意签署了"知晓风险"这一句话。而在购买各类银行理财产品的时候，我们也会被要求亲笔抄写、签署类似的风险提示书。

但消费者不知道的是，一旦签署了这样的风险提示知晓书，保险公司就相当于有了一把"尚方宝剑"，或是一块"免死金牌"。根据我国民法"谁主张谁举证"的原则，消费者一方很难举出证据，说自己当时是被误导的。而保险公司一方则可以很有信心地说："投保人当时是确已知晓各类风险的，我们当时已经明确书面提示过各类注意事项了。"

既然《人身保险投保提示书》如此重要，何不认真读一遍！

其实，这份提示书上的内容，倒是非常实用，而且全面。不良代理人可能出现的很多带有欺骗性或误导性的行为，保监会都已经在此文中作了提示和指导。下面将就该文件作简要解读，以作提示，希望能引起各位投保人的注意。

比如，其中第二条："请您根据实际保险需求和支付能力选择人身保险产品。"为什么很多人退保？主要原因无非就是上面的两个：要么是买了不适合自己保障需求的保险，要么是买了不适合自己经济实力的保险。

再如第三条，"请您详细了解保险合同的条款内容"。这不是空话，"请您不要将保险产品的广告、公告、招贴画等宣传材料视同为保险合同，应当要求公司销售人员向您提供相关保险产品的条款。请您认真阅读条款内容，重点关注保险责任、责任免除和特别约定、被保险人的权利和义务、免赔额或免赔率的计算、申请赔款的手续、退保的规定等内容"。

又如第十一条，在保险公司客户回访过程中请您再次确认有关信息。保险公司的电话回访不是作秀，请投保人认真对待。在今后的纠纷维权过程中，电话回访录音是最直接有效的证据。

点评

看看，只要花费5～10分钟，真正仔细阅读《人身保险投保提示书》上的十二条，我们就对案例中有关人身险的内容部分，也就基本能把握了！

34 “停售”产品不一定合算

即将停售、限额限量销售的保险产品，大多不外乎三种原因，其中只有一部分是因为精算假设纰漏等原因导致对消费者有利而保险公司“亏本”的“好产品”。其余原因要么是即将不符合监管规范，要么是保险公司的产品结构调整等。

案例

“这款保险产品马上就要停售了！这款产品从合同生效第二年就开始按保险金额的10%每年发放生存金。根据保监会最新规定，首次给客户的生存金要在3年以后，所以公司要停售这一产品。如果现在不买，新推出的产品就没有这么高的收益和保障了。”四川的卢女士接到一位熟悉的代理人电话，向她极力推荐公司即将停售的一款产品，“而且‘三八’妇女节就要到了，现在买这款产品还送节日礼物哦”。

分析

的确，在近期比较集中的产品停售中，营销员提及最多的噱头是“保监会叫停快返险”。2012 年 1 月 15 日，保监会下发《人身保险公司保险条款和保险费率管理办法》(以下简称《管理办法》)，规定保险公司开发的两全保险首次给付生存保险金应当在保单生效满 3 年之后，保险期限不得少于 5 年。于是，近期不断有保险公司的寿险产品传出将于 3 月底停售。公司涉及寿险行业几大巨头，地区覆盖广东、山东、福建、贵州、黑龙江、辽宁等十几个省份。

但代理人没有告诉卢女士的是，保监会此次《管理办法》并没有强制叫停规定政策出台前的产品。而且，“三八”节促销活动期间，该保险公司上调了代理人佣金。

其实，在寿险市场“炒停售”的概念早已被广泛应用，主要利用客户的盲从心理，在保险公司短期业绩的冲刺阶段，尤其常见。

为约束“炒停售”的行为，保监会 2011 年还发布了《人身保险公司保险条款和保险费率管理办法(征求意见稿)》，首次规定保险公司不得以停止使用保险条款和保险费率的名义进行宣传炒作及销售误导，并且有明确处罚规定。但这样一种促销手段仍在或明或暗地进行中。

其实，一般保险产品的停售，大致会有以下三种原因：

一是产品赔付率过高、运营成本太高、盈利状况不佳而采取的对策。暂停旧品转而推出所谓的“升级产品”，本质上是与提高保险费率或降低保险利益一样的。比如前几年“太平洋安泰终身医疗补贴险”。

二是产品卖得太好，单一产品在整个公司销售收入中的比例太高，由于未来偿付原因使得资金风险过于集中，所以要暂停，以控制保费结构。如以前新华人寿的红双喜D款。

三是原有产品卖得不好，不能适应市场需求，需要做些更好的改进以真正达到“升级”的效果。这种暂停销售其实是被市场竞争淘汰的结果。这种产品其实很多。

第一种情况下，产品本身是好产品，而保险公司“吃亏”，如果是这样的停售，那么消费者自然可以去淘宝。

如果是第二种情况，无所谓产品好坏。第三种停售的产品，则是不好的产品。为此，如果碰上第二、第三种原因的即将停售产品，消费者还是不要为妙。

点评

消费者要确认产品停售的真实性。“炒停售”是为了推销产品，那么推销的一些手段总是有一些噱头。比如说这个产品要停售，接下来的产品价格会高，现在要赶快买。在保险企业和代理人共同营造的“过了这个村就没了这个店”的紧张气氛下，市民往往就会动心。

但购买保险时，我们自身不能冲动，一定要根据自己的个人需求，不要盲目跟风，被保险代理人的言语所骗。同时，也要根据自身经济实力来选择保险产品。

35 4S 店投保“容易理赔”事出有因

每家保险公司都有自己的指定维修点，对于这些维修点给出的修理金额，保险公司定损时会比较认同，因为在这些网点它们能拿到较便宜的“团购价”。而如果去非指定网点修车，定损金额可能比实际修理费用低一些，差价部分需要车主自掏腰包。

案例

龙年春节前，趁着豪车降价潮，孙先生购买了一辆奔驰 E260 轿车。讨论上车险问题时，4S 店的销售人员极力向孙先生推荐在 4S 店购买车险，可以享受八五折优惠。而且销售员告诉孙先生：“如果在我们店里投保，以后发生事故需要维修，维修费都可以 100％理赔。如果不是在我们店里买的保险，会有一个‘特约免赔率’，将来维修和定损理赔的金额会产生一个差价，大约 20％左右，需要消费者自己负担。”

孙先生本来想通过电话投保，因为现在各家公司的电话车险基本都可以打七折，比 4S 店要便宜 15％，一年保费大约差 2 000 多元。但如果真如 4S 店销售人员所说的那样，自己的车子贵，零部件也比较贵，那到时候就可能不划算了。孙先生动摇了。

分析

销售人员跟孙先生说关于定损差价的问题，其实涉及到 4S 店和保险公司在维修、定损过程中的博弈。

通常，每家保险公司都有自己的指定维修点，对于这些合作网点给出的修理金额，保险公司会比较认同，因为保险公司觉得在这些合作网点里，它们能拿到比普通修理点更便宜的“团购价”。

如果孙先生在自己购车的 4S 店(属于代理机构)买了车险，这家 4S 店通常跟 A 公司有长期合作。孙先生万一发生事故需要维修，并到这家 4S 店维修，那么 4S 店给出的维修价格，A 公司都是完全认可的，100％可报销。

如果孙先生是通过 B 或 C 等其他保险公司直接投保的，再回到 4S 店修理，而这家 4S 店刚好不是他所投保公司的合作网点，那么如果保险公司认为孙先生“修贵了”，最后修理费用和定损金额就会产生差价，需要孙先生个人“埋单”。

大概了解了吧？其实说白了，对于合作网点的 4S 店，保险公司相当于把自己的定损权力下放给了 4S 店。

目前保险公司的定损方式分为三种：由保险公司本部派定损员定损，这种方式适用于涉及金额较大的理赔；请第三方公估公司代理定损，负责核损与核价；最后一种则是由保险公司授权 4S 店、修理厂通过网络远程定损。最后一种定损方式的理赔金有一定的金额限制，理赔金额在 2 000～20 000 元。也就是说，4S 店被保险公司授予了定损金额在一定范围内的车辆定损权。

所以，4S 店的工作人员就是利用这样的“无缝合作”优势，希望新购车的车主能够从自己的渠道买车险，以便赚取一定的车险手续费。

点评

其实，到底是在 4S 店投保，还是通过电话、网络低价投保，各有优劣，车主完全可以按需选择。

倒是在定损时，车主在维修之前或者维修进行过程中，务必先确定好维修方式，以确保能够获得相应的赔偿。

如果前期已和查勘员确认按照 4S 店的维修方式确定损失金额的，切莫再到普通修理厂进行维修。到时候索赔时，保险公司是按照客户实际选择的修理厂标准重新确认损失金额，定损金额会降低，这样车主本人可能产生不必要的支出负担。

36 某些旅行险便宜是有原因的

便宜的"境外旅行险"之所以便宜，是因为在某些常见的理赔项目上设置了免赔金额等限制性条件，或者救援机构、救援项目上有所"缩水"。如此一来，保险公司这一款产品的理赔率、运营费用会大大降低，因此定价会较低些。

案例

"为何各家保险公司的境外旅行险差价那么大？是保障上有什么差别吗？还是有些不容易被发现的区别？"即将赴欧洲旅行的媛媛想为自己和家人投保境外旅行意外保险，不过，当她浏览了多家保险公司网上投保平台后，却发现在保障内容和价格上有着不小的差异。

"A公司的境外旅游保险，为期7天，20万元保额意外伤害保障，报价80元；可B公司的境外旅游保险，同样是7天，只有10万元意外伤害保障，保费就要86元。虽然绝对金额相差不多，但比例却相差不少。"对保险不太了解的媛媛既想要买到便宜的保单，可又担心条款中暗藏玄机，到真正理赔时吃亏。

"究竟这保费的差价是怎么产生的？我在选择时又该注意哪些细节呢？"媛媛不禁疑惑起来。

分析

明明看似一样的保险，在价格上却高低相差悬殊。其实，套用一句老话，"一分价钱一分货"，有价格差就一定有保障内容上的不同，投保时除了直观地比较价格外，更应该对保障范围、免赔责任及境外救援服务做细致比较。

记者在A、B两家官网上进行了保费试算，结果两种套餐的具体情况分别为：A公司经济型境外旅行保险，20万元意外伤害+10万元医疗费用补偿+紧急医疗救援(含400万元医疗运送和送返、250万元身故一体/骨灰送返、6 500元亲属前往处理后事补偿、1.3万元亲属慰问探访补偿)，保费80元，会员投保保费68元。而B公司7天经济型境外旅行保障为10万元意外伤害保障+10万元海外医疗补偿+40万元医疗运送和送返+8万元遗体送返，保费86元，会员价78元。两者相差10元。

表面看来，A公司的保障能力更胜一筹，20万元的意外伤害赔偿较B公司10万元高出一倍，不过，两者“免赔额”的差异不容忽视。A境外旅行保险中，医疗费用补偿部分每次会有800元的免赔额，而B公司海外医疗补偿的免赔额为500元。即，假如被保险人实际医疗费用在800元以下，A将不负责赔偿，而B的理赔门槛要低不少。对于大多数案件而言，人身死亡或残疾的概率较少，而境外发生一些小额医疗费用支出的概率较大。因此，保险公司是计算得很“精”的。

对高风险运动的保障也值得关注。如果你可能会参与潜水、滑雪、登山等运动，那么关注保险条款中的免赔责任必不可少。

此外，对境外旅游保险来说，紧急救援是很重要的一项保障，各家保险公司一般与国际救援机构合作，提供服务。为了在紧急关头获得“雪中送炭”的支援，投保人需确保医疗费用可实行“事先垫付”。如果不能事先垫付医疗的产品，最好谨慎选择。

点评

比保险不是单比价格，看保障能力也不能光看保障范围。投保旅行意外保险，更应关注医疗的赔付水平，那些发生概率极低的风险，即便保额再高，也未必实用，还不如在发生概率较高的风险上加强防护。

37 重疾险赔付有严格限制

重疾险对于保障的重大疾病种类，不能仅仅简单看疾病名称，还要仔细看清每一条具体的限制性条件描述，同时要特别辨清其中的“或者”、“除外”、“以及”等词句。

案例

“为什么明明患病却没有赔偿？这重疾险根本保不了重疾嘛！”对王先生一家来说，一份重疾险保单既给了他们希望，又最终令他们失望。

2008年，王先生在朋友的推荐下买了一份重疾保险；2011年3月，他不幸被确诊患有脑囊肿。由于王先生是家里的顶梁柱，这个突如其来的打击实在太沉重。就在这时，家人想起了曾经投保的重疾保险。翻来一看，良性脑肿瘤，属于在赔范围。这一下，全家人松了一口气。

不过，就在王先生拿着相关诊断结果和保单到保险公司时，却被告知：“良性脑肿瘤的确是可以理赔的重大疾病之一。但是，你注意到没有，合同在这一病种后面有个说明，不包括脑垂体瘤、脑囊肿、脑血管疾病。也就是说，你的病不能赔。”这样的结果，实在是出乎王先生的意料。

分析

需要投保人认清的是，我们对于疾病的认识并不同于保单上的条款，大家眼中的“大毛病”，或许并没有列入重疾险的保障范畴。因此，在投保重疾险之前，有必要对真正可以实现的赔付情况有所了解。

2007年出台的《重大疾病保险的疾病定义使用规范》(以下简称“《重疾规范》”)是一个行业标准。在这份《重疾规范》中，规定了凡是定名为重大疾病保险，且保险期间主要为成年人阶段的，必须包括恶性肿瘤、急性心肌梗塞、脑中风后遗症、冠状动脉搭桥术(或称冠状动脉旁路移植术)、重大器官移植术或造血干细胞移植术、终末期肾病(或称慢性肾功能衰竭尿毒症期)。同时，给出另外19

种疾病种类，供保险公司选择使用，并对共 25 种疾病的名称和定义作了详细规范。

但是，这并不意味着名字相同的疾病都可以得到保障，就以王先生的遭遇来说，保险公司的条款的确符合《重疾规范》的规定，条款上白纸黑字相当清楚。至于其他每一种疾病，也都有各自的具体要求。

例如，原位癌并不在恶性肿瘤的保障范围内；急性心肌梗塞需满足下列至少三项条件：典型临床表现，如急性胸痛、新近的心电图改变提示急性心肌梗塞、心肌酶或肌钙蛋白有诊断意义的升高或呈符合急性心肌梗塞的动态性变化；发病 90 天后，经检查证实左心室功能降低，如左心室射血分数低于 50%。冠状动脉搭桥术对冠状动脉支架植入术、心导管球囊扩张术、激光射频技术及其他非开胸的介入手术、腔镜手术不做保障，等等。

可以说，《重疾规范》对 25 项疾病的每一条说明都需要投保人好好推敲。不仅仅在疾病的类型、症状上有规定，对于疾病采取的治疗手段等也有要求，一旦不符合条款规定，就无法得到赔偿。此外，投保人还应注意不同产品在 25 项疾病基础上增设的保障，并不是说保障的疾病种类越多就越好，而在于这些保障能否有现实保障意义。

点评

我们建议大家在投保前，或是确诊疾病需要采取治疗措施前，先向医疗专业人员及保险公司进行咨询，以避免盲目投保，或者赔付无门。

38 车险"全险"≠全部保障

车险中人们常说的"全险"其实是基本险、基本保障。很多单独的损失事件，比如玻璃单独破碎、发动机涉水损坏、爆胎、车身划痕等损失，还需通过单独的附加险种另外投保。

案例

"不是已经投保了'全险'吗？怎么玻璃碎了却要自己埋单呢？"车主胡女士很迷惑，算算自己开车的日子也不算短，怎么这回还是栽在保险上了呢。

原来，春节期间，胡女士停放在小区的大众帕萨特轿车前挡风玻璃被鞭炮"吻"爆了，可是，在联系保险公司后她发现，换上新挡风玻璃的钱得自掏腰包，因为单独的玻璃破损并不算在车损险保险范围内。"早知道'全险'不'全'，我就在投保的时候多买一个附加险了。"胡女士很是懊悔。

无独有偶，李先生也受了所谓车险"全险"的蒙蔽。事情发生在夏天，当他的汽车行驶在一段积水较深的路面时，车辆突然"抛锚"了，事后检查发现，车辆的发动机出现了损坏。"可是保险公司偏偏说，因为是涉水过程中发动机损坏，而不是交通事故造成的，所以没法赔偿。"李先生不得不为此自掏腰包支付维修费用。

分析

从胡女士和李先生的遭遇不难看出，所谓的车险"全险"其实并非万能的。通常，只要车主投保了"交强险＋三者险＋车损险"，就会被认为保全了基本险种。但实际上，这只是车险的"基础套餐"，个别偶发事件可能并不在保险范围内。

除了上述的玻璃单独破损、涉水后发动机损坏外，爆胎引起的轮胎、钢圈的单独损坏也无法获赔。保险公司一般会视这种情况为汽车某零部件的自然老化，而非汽车遭遇意外碰撞等事故，所以理赔的概率也很低。又比如车辆突发自燃、倒车镜、车灯单独损坏，等等，这些风险也都在车损险的除外责任中，有需要风险转嫁的车主都必须投保附加保险。

其实，单看车险“基础套餐”而弄不清究竟哪些能赔、哪些需额外投保的车主并不用太担心，有个窍门就能解决。大家只需留意一下，在交强险、三者险、车损险外，保险公司还提供哪些产品保障就行了，所有需要通过其他保险来承保的内容自然是基础保险套餐中不包含的，或是已经被列为基础套餐的“免赔责任”。

例如，全车盗抢险和车上人员责任险。前者对车辆全车被盗、被劫、抢夺风险进行规避，而后者则是对合法驾驶人在使用车辆过程中发生意外事故，致使车辆上人员遭受伤亡提供经济赔偿。这两项保障都是无法从车险“基础套餐”中获得的。

又比如，在车辆没有明显碰撞痕迹的车身表面油漆单独划伤，就需要通过车身划痕损失险获得赔偿；在车辆行驶中发生意外事故，导致车辆上所载货物遭受直接损毁的，就要靠车上货物责任险赔偿。此外，诸如交通事故精神损害赔偿险、随车行李物品损失险也都是“基础套餐”的补充。

另外，“基础套餐”中还有一些比较容易被忽视的免责条款应当引起重视。如“被保险人或驾驶人以及他们的家庭成员的人身伤亡，及其所有或保管的财产的损失”属于三者险免责范围，即车子撞了自家人不能获赔。“保险车辆在竞赛、检测、修理、养护，被扣押、征用、没收期间”，保险人是不负责赔偿的。“新车车辆出厂时的原厂配置以外新增设备的损失”也不在车损险保障范围内，车主需要通过“新增设备损失险”作补充保障。

点评

车险条款、理赔过程中“门道”也很多，一定要事先了解清楚个中奥妙，以免影响理赔。

39 医疗险理赔无法"全包"

医疗险条款中,列明的赔付比例为80%或90%,但最后可能只能赔到实际支出的医疗费用的60%、50%,甚至更低。因为其中有很多限制条件,对于社保以外的用药和设备可能不赔,病房每日标准有限制、不同等级医院的报销比例也有差异,等等。

案例

明明一次住院花了8 000多元,可从保险公司获得的赔偿只有5 000多元。这就是朱女士遇到的困惑。

去年下旬,在一次交通事故中朱女士腿部骨折了,医生建议她进行手术治疗。虽然朱女士没有社保保障,但曾经投保的一份住院医疗保险让她对手术费用没有太多的在意。"我一直记得保障比例可以达到95%。"她说。

不过,令朱女士没有想到的是,实际真正获得的理赔金额只有5 300多元,她不得不自己承担近3 000元,这让朱女士有些不明白了。

通过了解笔者发现,朱女士购买的是一份住院费用医疗保险。根据条款规定,城镇职工基本医疗保险参保人员与非城镇职工基本医疗保险参保人员的待遇并不相同,而且根据医疗费用的等级,保险公司可以给予报销的比例也不同。

条款规定,被保险人住院花费中不超过5 000元的部分可获得70%的赔偿,5 000至10 000元部分可获75%赔偿,1万至2万元部分报销比例为80%,2万至4万元部分报销比例为90%,而只有4万元以上的花费,才可以获得95%的赔偿。

不仅如此,"免赔额"也在实际赔偿中需要先行扣除,城保人员为300元,非城保人员为500元。以朱女士正好花费8000元计算,她的住院杂费及手术费保险金就是5 000×70%+(8 000−500−5 000)×75% = 5 375元了。

分析

大家对住院医疗保险是再熟悉不过,报销型产品可对被保险人发生的实际医疗费用给予比例赔付,而津贴型产品则根据住院天数、每日津贴额得出赔偿总额。

但在实际理赔过程中,往往会出现拿到手的远少于花掉的情况。这其实是保险条款中诸多限制条件在“作祟”。

对报销型医疗险来说，是否在社保范围内用药、单次住院免赔额、每次手术赔付上限等都是影响因素；而对津贴型产品来说，免赔天数、全年累计天数上限等也会影响到实际保障力度。因此，在投保时大家应对这些条款格外留意。

值得注意的是，一些医疗险对于被保险人选择的医院也有规定，在保险公司推荐的医院进行治疗往往可以获得更高的赔付，反之，则可能不予理赔。

点评

即使有了医疗保险，治疗费用也无法完全转嫁。在投保时，应尽量选择免赔额较低、赔偿上限较高、免赔天数较低、全年累计天数较多的产品。

名词解释

单次住院免赔额

即计算报销型医疗保险赔付时，需要先行扣除的金额。如上例朱女士作为非城保人员被扣除的500元。

免赔天数

在津贴型住院医疗保险中，一般设有免赔天数，如住院10天，每日补贴200元，免赔天数为3天，那么实际计算赔偿时应为200×7＝1 400元。当然，这一结果不能超出保单规定的最高理赔天数。

40 家财险赔付有特定范围

传统的家财险只可以对火灾、爆炸、部分自然灾害造成的房屋、装修及约定的室内财产提供保障,要想周全防护,必须附加更多险种。而不同险种都会设置“免赔额”,减少实际赔付金额。

案例

才搬进新家不过两年的陈先生最近为房子犯了愁。原来,他家阳台上莫名其妙出现了漏水,查了半天才发现是埋在地下的水管破裂了。别的不说,光维修成本、重新装修阳台就花了几千元。

“我还以为家财险可以赔付,结果保险公司说我没有投保水管爆裂险,没法赔偿。这家财险还有那么多讲究的吗?”陈先生困惑了。

齐小姐最近也很头疼,出差没几日,家里便被小偷光顾,虽然大件商品没偷走什么,现金也不是很多,可是一台手提电脑、两台相机都不见了。原以为可以通过家财险挽回些损失,可是却被告知,家财险只能对火灾、爆炸或是一些自然灾害造成的财产损失进行赔偿。类似齐小姐的遭遇,只能通过附加盗抢险来保障。

“看来,家财险并不是什么家庭财产都能保,赔付条件还真多。”齐小姐这才对家财险有了进一步的认识。

分析

如果你也有打算投保或是已经投保了家财险,可别被它的名字迷惑了。实际上,并非所有的家庭财产都能得到保障,而且保障有一定限制条件。

通常,我们所称的家财险就是家庭财产综合保险,是对房屋、房屋装修,以及约定的室内财产提供保障的产品。其中室内财产的范围可有奥妙,有些产品会将手表纳入保障范围,有些可对移动电话、随身听、照相机等提供保障,而有些则将这些财产作为除外责任。选择保障范围较广的产品自然更有利。

并非保险标的发生任何损失都可以获得赔偿。一般家财险只承保包括火灾、爆炸、空中运行物体坠落、外界物体倒塌,以及台风、暴雨、暴风、雪灾等自然灾害引起的地陷或下沉(通常地震不在其列)等事故。

赔付金额也不是损失多少赔多少。举例来说,假如房产价值200万元,可只投保了100万元的房屋保障,那么当房屋因保险责任受损,实际损失130万元时,投保人只能获得100万元的赔偿,以保险金额为限。而若实际损失金额为80万元,就可以获得全部80万元的赔偿。假设投保人还在另一家保险公司投保了100万元,可别以为能够"拿两份",两家公司只会分别承担40万元的赔偿。

点评

家庭财产保险虽有一定保障能力,但十分有限。要想周全防护,就必须附加保障。上文陈先生的麻烦需通过水暖管爆裂损失保险来保障;户主对家政服务人员的风险转嫁需依靠家政人员责任保险。而只有投保了盗抢损失险,才能不像齐小姐那么神伤。每个附加保险都有自己的"免除责任",投保人不可大意。

此外,每项条款中隐藏的"免赔额"都会降低投保人实际所得。如有保险公司规定,附加盗抢条款的绝对免赔额为200元;附加第三者责任保险的绝对免赔额为200元。建议选择免赔额较低或不存在免赔额的产品。

电商不会告诉你的
10 个秘密

原价
原价好高哦！
天上飞的是原价，手中的是
优惠价格，你自己比较吧……
商品
折扣价

网络购物以其便捷、低价的特点成为了众多消费者热衷的消费方式，但在享受方便与实惠的同时，围绕电商营销、服务以及商品质量而产生的各种问题也让消费者平添了不少疑惑和忧虑。此次，我们将揭开隐藏在电商行业里的10个秘密，让你的网购生活变得更明白、更安心。

电商“盛世”

现如今，网上购物早已不再是什么新鲜事了。小到书本服装化妆品，大到家电汽车商品房……只要是你想买的，就几乎都能在电商平台上找到卖家，网络购物已经成为了现代人的“家常便饭”。

2013 年年初，欧洲最大电子零售商“万得城”或将步“百思买”后尘退出中国市场的新闻被闹得沸沸扬扬，而在这些实体巨头黯然离去的背后是国内电商行业欣欣向荣的耀眼数据：2012 年我国电子商务市场整体交易规模达到 8.1 万亿元，同比增长 27.9%。预计未来 3 至 5 年，中国电子商务市场仍将维持稳定的增长态势，2015 年预期可达 26.5 万亿元。与此同时，根据中国商业联合会发布的“2013 年中国商业十大热点展望”及其评述报告，2012 年我国网购市场交易规模已超过 1 万亿元，网络购物已连续多年在全国各类零售业态成长性上保持第一。

毋庸置疑，随着网络成本优势的凸显以及相关安全技术与消费心理的发展，网络购物已成为越来越多消费者购物时的首选方式。在电子商务行业快速增长，注册用户持续增多的背景下，“疯狂”的电商们也在网络上不断创造着惊人的促销业绩：京东商城大家电单日最高销售额突破 3.5 亿元，而淘宝天猫更是创下单日成交 191 亿元的傲人战绩。“双 11”、“双 12”更是已然演变成了人为的网购狂欢节……电商“盛世”中，一个个吸金奇迹正在上演。

奇迹背后

诚然，网络购物确实以其便捷、低价的优势迅速地掳获着消费者的青睐，但京东 CEO 刘强东 2012 年由微博“约架”引发的“价格战”闹剧也让不少人隐约意识到电商间互相叫板的“大战”也可能是早有“默契”的集体营销。当“硝烟”散尽，电商企业也进一步拓宽了市场，完成了宣传，赚足了噱头和粉丝。但对于消费者而言，价格更便宜、选择更丰富的“网购美好时代”真的到来了吗？答案也许并不是那么乐观。在电商赚得“盆满钵满”的另一方面，由网购引发的消费纠纷正在逐年上升。据上海市工商局 12315 投诉举报中心统计，2012 年全年共接收网络购物消费投诉 25 649 件，占投诉总量的 52.30%，较 2011 年同期增长了 1.86 倍。

在网络消费中，电商企业违规宣传、误导消费者，定价变动频繁、优惠票券规则不清，商品质量存在缺陷这三大问题最为突出。宣传方面，一些电商企业为增加宣传效果，会选择性地在商品标题或宣传页面中夸大甚至虚构部分产品功效或性能。如宣称“纯天然、无添加”的食品或护肤品在实际成分表中却含有防腐或添加成分。而为了挑起顾客的购买欲，许多电商推荐的“热卖商品”也可能被虚增了部分评价或销量。此外，那些有特价无库存的“特惠商品”也常常让慕名而来的消费者败兴而归。

价格规范方面，许多电商企业除在销售页面设置商品售价外，大多还会另行标注价差较大的“原价”或“市场价”，但这些昂贵的“参考价”往往是电商自己“拍脑袋”想出来的，存在虚高或缺乏实际市场依据的情况。此外，电商们在对待小厨具、小玩具等标准化程度不高、顾客比价意识不强的商品时往往少有折扣，有些小商品的“促销价”甚至比实体超市售价更为昂贵。至于部分“看上去很美”的电子优惠券也经常暗藏“玄机”，不是在使用时被限制使用范围，就是可抵值的商品价格虚高，不仅不一定能为消费者带来实惠，反而会诱使消费者为“凑数”而买进不必要的商品。

商品质量方面，电商企业在吸纳自营店铺时只按入库流程进行经营资质的审核，对入驻商户所出售的商品是否为正品、对商户是否具有品牌授权“把关不严”以及有意无意地将退货商品及“翻新机”作为“全新”商品二次出售的情况亦令人担忧。

呼吁理性

面对这些销售中暴露出的种种问题，许多电商将原因归咎于激烈竞争的“无奈”。究竟该如何营造更健康、更良性的网络购物环境？或许电商和消费者都需要更多的理性。

如果仔细观察，我们不难发现，我国绝大部分电商企业刺激消费、培育有效市场用户的手段几乎都依赖于挑战传统价格体系的“价格战”。据中国电子商务研究中心监测数据显示，我国 2012 年规模性的电商价格战就不下 10 次，几乎贯穿全年。但无论是真战还是假战，是正当竞争还是恶性竞争，频繁的价格战终究不是长久之计。因为对于整个网销价值链而言，高频的压价就意味着对上游厂商价格体系的持续破坏，最终必将影响到整个电子商务产业链的健康发展。此外，电商本身也很容易被自己的促销手段绑架，进而面临“非促不买”、“不促不销”的窘境。或许对于电商们而言，摒弃对“流血”式发展的过度依赖与热衷，加大对客户体验的细致关注，将单纯的价格大战转换为服务与质量的竞争才是真正的理性发展之道。

而消费者也需改变“惟重价格”的网购心态，提防一见限时大幅折扣就抑制不住购物欲的“占便宜”心理，而应从个人及家庭的实际需求出发，理性消费。在网购消费出现问题时，要注意保留好发票、交易付款截图、聊天记录等消费证据。此外，对电商企业的“游戏规则”进行一定的了解和把握，学会运用简单的比价监控软件鉴别商家是真降价还是假促销也是消费者提升“网购理性”的有效手段。为了更好地帮助广大读者享受网络购物带来的便捷与实惠，此次我们特针对“B2C”及“C2C”电商普遍存在的一些问题进行了梳理。了解了这些秘密，你的网购生活也许将会变得更加明白，更加安心。

多方留意

在接下来的案例中，我们着重对电商企业暗藏的种种“秘密”进行了梳理。而对于许多消费者而言，除了通过“京东”、“易迅”、“当当”等大型“B2C”电商平台进行消费外，“淘宝”、“拍拍”等“C2C”电商平台也同样是网购的重要渠道。相对于标准化的企业型电商而言，这些中小网店主们的服务标准与质量参差不齐，其中也存在着不少值得读者了解和注意的问题。

霸王条款不退不换 由于在网络购物时消费者只能通过图片和文字介绍了解商品，而C2C网络购物也尚缺乏强制的销售规范，部分网络商铺存在单方面规定需支付一定比例费用才可退换货品、甚至“货品一旦售出，不退不换”的霸王条款。建议消费者在下单前应注意了解商户提供的售后服务标准及退换规则，初次购买或购买金额较高的商品时最好选择拥有“7天无理由退换”、“真品保证”、“消费保障“等认证标志的商铺或有效好评率高的商铺购买。

“饥饿营销”刺激消费 许多拥有一定消费群的网络商家在发布新品时往往不会一次性将实际库存数量设定为销售数量，而是以“限量”、“无补货”等名义采用少量分批的方式进行多次上下架，刺激犹豫不决的顾客下单。我们建议消费者在购买商品时还是要从自己的实际需要出发，切莫在尚未考虑清楚的状况下因所谓的“数量有限”而冲动消费。

商品所在地与发货地不同 部分国内二、三线城市以及广州、深圳的网络商铺及代购商铺出于提升自身“形象”、提高商品售价甚至以次充好的目的，常常会将商品所在地设置为海外地区。消费者在购买非国产品牌商品或委托代购时最好能问清具体的货品来源及代购方式，在签收快递时也应确认商家的具体发货城市是否与其描述及承诺的相一致。

显示发货实未发货 在消费者不主动确认的情况下，支付宝等第三方支付平台的默认付款时间多为商品发货后的10天左右。部分卖家出于尽快获得货款或稳住消费者的目的，常常会在消费者付款后的第一时间即将未发货的订单状态修改为“已发货”状态。因此消费者在网购急需商品时最好不要仅凭系统信息作出判断，必要时应及时与商家取得联系并确认实际的发货情况，以免发生因延迟发货而造成的不便。

“0元回馈”套取资料 如今我们常常能在网络购物平台上见到一些打着“0元真情回馈”、“亏本赠送只为信誉”等旗号的“天使卖家”。但天上不会白白掉下馅饼，消费者在面对这些白送的小商品时一定要保持理性。因为一旦因贪小拍下这些赠品，就等于毫无保留地泄露了包括自己姓名、地址、邮箱以及手机号在内的整套个人资料，很容易因此成为垃圾短信、垃圾广告甚至各式推销诈骗电话的目标。

41 "货不对板"夸大宣传

一些电商企业为增加宣传效果，会选择性地在商品标题或宣传页面中夸大甚至虚构部分产品功效或性能，而这些不当描述往往会造成对消费者的误导，对此我们需要多多留意。

案例

2012年6月，从泰国归来的黄小姐发现自己因为未在旅行期间做好全面的防晒措施，导致手臂和颈部出现了较为严重的晒伤。为了让刺痛的肌肤尽快恢复健康白皙，黄小姐在某电商平台选购了一款用红色粗字体醒目标注"无香料、无色素、无防腐剂、无酒精"的晒后护理产品。但在收到货品后，细心的刘小姐却发现该产品底部用小字标注的成分表中却清楚地印有"酒精"。顿感上当受骗的刘小姐很是气愤，对酒精略微过敏的她向笔者表示，自己原本是冲着产品"无添加"的介绍才最终下单的，"虽然老公说晒后修复中含有的微量酒精不至于像喝酒一样引起身体过敏，但在刻意小心地千挑万选下'中招'，总觉得心里非常不舒服"。

分析

对于消费者而言，由于在网络购物时不能直接接触产品实物，因此电商对于商品的描述以及提供的图片展示往往就是绝大部分顾客在选购新产品时最为重要的参考依据。

笔者通过调查发现，前文案例中黄小姐的遭遇在如今的网购消费环境中并不是"个案"。据我们从消保委处了解到的信息，有关电商"夸大产品"方面的投诉在近年来已呈上升趋势。而消保委在近期的模拟消费调查中也发现了不少存在这一问题的电商"现行犯"。如上海某电子商务有限公司在销售一款护肤品时，对外宣称其"百分百纯天然"，但实际产品的成分表中却显示含有微量防腐剂。而北京另一知名网络信息技术有限公司销售的一款婴幼儿用蚊香液也存在不当宣传，其在网页标榜“绿色环保”、“无毒透氧”，但在对该产品标志的农药登记证号进行查询后，最终被确认为“低毒”产品。

归根结底来说，电商企业这些对商品标题或在网页描述中的不规范操作都是基于增加商品吸引力继而进一步提升商品销量目的的。此外，部分电商企业在利益驱动下，甚至还会使出虚构部分产品功效及性能的不良手段，直接导致对消费者的误导。根据笔者了解的情况，部分信誉度较低的小型电商企业，特别是部分中小型团购网站是此类情况最为多发的“重灾区”，消费者在下单前一定要注意甄别。

点评

是否“夸大产品宣传”听起来似乎主要取决于电商企业单方面的商业道德，但我们对此也并非完全不能防范。为最大限度地降低此类网购风险，笔者建议消费者在网购非熟识的新产品时，应尽量选择口碑较好、信誉度较高的大型商城平台。此外，在选购过程中，消费者切记不能只注重商家标注的红字及粗体字简介，还应注意了解商品其他方面的具体描述(如产品的成分表，保质期限等细节信息)。如在收到网购商品后确实发现实物与网页描述不符的情况，应第一时间保存好各种网购单据以及原商品的页面宣传截图，用以保障后续的维权投诉。

42 “双重标价”存在误导

许多电商企业除在销售页面设置商品售价外，大多还会另行标注一个“昂贵”的“原价”或“市场价”。但这些所谓的“参考价”常常是电商自己“拍脑袋”想出来的，往往虚高或缺乏实际的依据。

案例

2011年暑假，张先生计划带着太太和儿子一起前往香港迪士尼游玩。为了突出“亲子游”的温馨氛围，张先生在出发前特地通过网络“淘”起了“亲子装”。在一番搜索之后，一款印有米奇与米妮图案的短袖T恤组合引起了张先生的注意。按照当时的销售页面，这款T恤单价标注的“市场价”为169元，网站“实售优惠价”为39元。“按照这样的价格计算，购买1套亲子装只需支付87元，比市价便宜390元不说，还能免费包邮费。”深感实惠的张先生因此拍下了2套不同颜色的亲子T恤套装。但在对收到的衣服进行清洗时，张太太惊讶地发现丈夫买回来的T恤不仅出现了严重的褪色，连原本的迪士尼卡通印花图案也变得模糊不清，难以分辨。深感不值的张先生在事后告诉笔者，他原本认为市场价169元的T恤肯定是不错的，“没想到实际收到的根本不值那个价，质量甚至比十块钱的地摊货还不如”！

分析

网络购物的价格优势历来是吸引消费者的重要因素，因此许多电商企业往往会在商品定价方面做足噱头，故弄玄虚。而其中最常见的手段便是前文张先生所遭遇的“双重标价”。

所谓“双重标价”，就是指电商企业除在销售页面上设定商品实际售价外，还额外标注有“原价”、“市场参考价”等其他名目的不同标价，且两个标价间的差距普遍较大。在实际网购过程中，几乎所有的电商企业都会采用这种“对比战略”。但令人担忧的是，这些所谓的“原价”、“市场价”大多都是电商自己“拍脑袋”想出来的，往往存在缺乏实际市场依据或标价虚高的胡乱定价问题。

而对于消费者来说，“双重标价”所产生的“价差”除会在无形中或多或少地激发网购者的消费欲望之外，其高昂的“市场价”还可能会导致顾客对拟网购的商品产生过高的预判，其结果常常是电商赚足了荷包，但消费者实际收到的却是一场低于预期的“空欢喜”。

点评

从严格意义上来说，电商企业在缺乏实际市场依据情况下制订的“双重标价”已经涉嫌违规。但由于此类“原价”或“市场价”并非消费者实际支付的商品价格，因此在实际维权过程中很难以此作为退货或退款的理由。在网购过程中，我们建议消费者不要简单听信电商企业单方面给出的“市场价”，而是应该结合商品评论、实体商城、品牌官网以及“淘宝”等其他电商平台的同款或同类商品进行综合考量。此外更重要的是，消费者在进行网络消费时需注意保持理性的消费心态，按自身和家庭的实际需求适度购物，避免因“人造差价”或“贪便宜”而购入计划外的无用商品。

43 有特价无库存

部分电商在举行特惠活动或出售特惠商品吸引人气时往往存在“超卖”现象，事后常以“供应商缺货”或“销量上升太快，库存预警未能跟上”等理由单方面取消订单，使消费者购物最终无法如愿。

案例

“货比三家货比三家，比到最后发现要买的特价商品老是显示缺货，这不是蒙人嘛！”刚刚接触网购不久的潘女士显得非常气愤。原来，潘女士近几年一直听身边的亲朋好友向自己推荐网购的优势和乐趣，前一阵子也忍不住在几个电商网站注册了账号开始了网购之旅。可是，热衷于比价的潘女士却发现，通过搜索和对比找到了低价、特价商品，点进去却经常会遇到网站页面上显示“缺货”、“暂无库存”字样的情况，让人颇为恼火。“你没有货卖就下架呗，凭空挂一个最低价算什么意思？”潘女士还介绍说，最让人不满的是，有一次明明已经下单了，第二天却收到网站的缺货通知，告知潘女士订单已经终止。

分析

电子商务虽然属于新兴行业，但本质上还是零售业，只不过由于电子化、网络化、异地化的新特点，导致了电子商务与传统零售业的不同。特别是其中的库存管制，以及相对应的库存、物流配送和售后服务，都与传统零售业不尽相同。

电子商务操作中，由于购买和发货在时间、空间上都是异步进行的，从客户下订单到发货的过程中，也存在着时间间隔，因此必须将库存结构区分开来。为了适应这种异步销售过程，电子商务企业的库存系统中一般会分成可销售库存、订单占用库存、不可销售库存、锁定库存、虚库存、调拨中库存等多个部分。而就是由于这些不同的结构，导致网站购买页面显示缺货的因素也会多种多样。

潘女士所遇到的情况，最有可能就是“锁定库存”这一环节了。在销售中，降价是经常会使用的一种促销方式，成功的降价促销可以在很短时间内将商品一售而空，将可销售库存直接转化为订单占用库存。但是在一些情况下，销售方并不希望这么快就将所有的库存都售出。有的时候是因为所有库存全部降价促销的成本很高，有的时候是防止竞争对手的恶意采购，更多的情况下，则是希望将这一产品的降价作为引子，带动网站的流量和整体销售，这就需要将促销分批次进行。

为达到以上的目的，电商就会采用锁定库存的方式。库存被锁定后，无法直接销售。促销进行一段时间后，可用库存为 0，无法继续销售，必须在解除锁定后才能转化为可销售库存，继续进行销售。

点评

大部分电子商务企业中，前台网站会与后台保持数据同步，并作出判断。一旦“可销售库存<0”时，前台网站就会显示商品缺货。一般所说的缺货并不等于库房中没有库存了，而只是没有可销售库存。但实际上，排除电商网站有意为之的“恶意”显示缺货情况，在管理和用户体验上也还是可以做得更好更细致些的。

比如，在页面上显示较为准确的剩余库存，在库存紧张时提醒顾客；将一段时间没有库存的商品下架、隐藏，只在到货之后重新显示并通知顾客；及时关闭销售一空的特价商品；提供不显示缺货商品的筛选搜索项，等等。这样才是对消费者负责的做法。

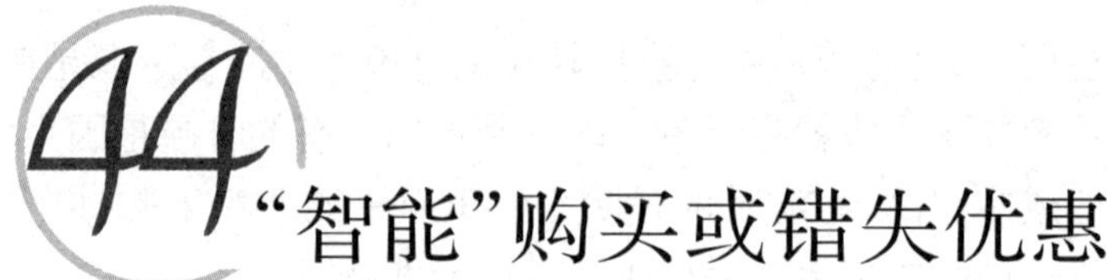

44 “智能”购买或错失优惠

由于应用程序设计上的疏漏、现阶段存在的技术问题或用户没有及时进行版本升级等因素，许多网页上可选的优惠在智能手机与平板电脑的应用程序中可能无法完整显示，从而导致消费者在无形中错失部分“福利”。

案例

在外商公司负责行政工作的李小姐是个地地道道的网购迷，不仅在各种大大小小的电商网站都拥有注册账号，有的甚至还已经累计到了较高的积分及会员等级。由于李小姐从家中到公司需要花费1个小时左右的时间，因此爱网购的她经常会利用手机上的购物软件来打发这段地铁上的时间。李小姐告诉笔者，只要一见到自己心仪的“宝贝”，她便会直接通过手机下单并完成支付，“整个过程既方便又轻松”。但让李小姐没有想到的是，其某次通过手机版及网页版订购同一商品获得的不同结果却让她从此对手机网购有了担忧。

原来，李小姐不久前在下班途中照例通过手机订购了一罐面霜。当天晚上，回到家的李小姐临时决定再买一份送给好友当作礼物。而当李小姐使用电脑下了一个相同的订单时却发现，通过网页购买这款面霜时竟可在订单页额外选择一份免费的晚霜或面膜体验套装，而这份价值200元以上的赠品在手机订购页面却是完全找不到踪影。“这样看起来，类似的优惠我可能已经错失了很多次，想起来总觉得吃了亏。”她说。

分析

随着智能手机以及无线网络技术的日趋成熟，移动购物与支付已经日趋成为流行。根据中国互联网络信息中心(CNNIC)的数据，2012年我国的手机网民规模为4.2亿人，手机网上购物和在线支付的使用率均达到13.2%。截至2012年年底，已有超过5 500万人开始使用手机网购并进行在线支付。不受地理位置限制的“智能订购”成为了拉动消费的新增长点，而移动电子商务也成为了电商们的又一个必争之地。

现如今，绝大部分拥有一定规模或知名度的电商企业都已陆续推出了各自的移动电子商务应用。而消费者也越来越习惯于通过这些可安装在智能手机及平板电脑上的应用程序直接下单付款。但需要指出的是，由于部分应用程序在功能设计或信息同步方面仍存在或多或少的技术缺陷，一些网页上可选的会员折扣、限时优惠以及赠品、折扣票券等“消费福利”，在应用程序平台上却可能无法完整显示，从而造成消费者在无形中错失部分优惠的可能性。而另一方面，部分消费者本身对于软件运用的不熟悉、不愿及时更新应用版本或额外装载“AppFlow”等规避软件升级提示工具的行为也可能造成网页下单与“智能购买”产生差异。

点评

虽然移动电子商务应用在现阶段可能存在部分缺陷，但几乎所有的电商企业都在不断升级完善系统漏洞，因此习惯通过手机下单购物的消费者应该注意及时更新升级自己安装的相关应用。此外，消费者在通过移动设备网购价格比较昂贵的大件商品时，也应有意识地将订单结果与网页订购作一个简单对比。如果在下单付款后才发现使用同一注册账号会因订购渠道的不同而产生较大价差的情况，一般也可通过与商家进行及时沟通获得相应的差额补退。

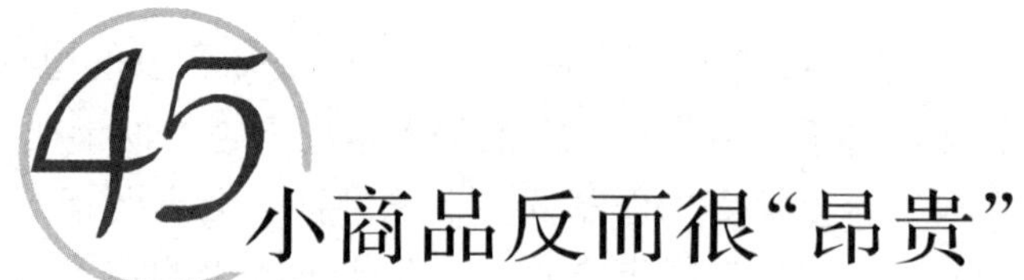

45 小商品反而很“昂贵”

部分电商企业在定价时往往会将热门数码、大型家电等用户价格敏感度高、比价意识强的商品拿来打价格战，但在对待厨具、玩具以及汽车配饰等小商品时却少有折扣，部分小商品的“促销价”有时甚至高于实体商铺的普通零售价。

案例

2013年1月，刚考取驾照的黄小姐从4S店开回了自己期待已久的新车。当天晚上，她便迫不及待地登录了自己最常逛的某大型电商平台，为爱车选购各种车内装饰。在几番“海选”之后，黄小姐最终花788元购买了一套曾在同事车内见过的丹尼皮汽车坐垫。一周后，当黄小姐兴冲冲地拉着同事参观新车时，却被告知这套汽车坐垫在实体店购买其实只要600多元。

“因为是第一次买车，所以我对汽车产品的市场价不熟，但我一直笃定地认为大型电商的价格肯定是比较便宜的。我记得这款坐垫当时在网上的标价是988元，打折之后是788元。我看到买的人很多，又想起之前同事也提过这款坐垫比较好打理，搭车时我也觉得坐着舒服，所以就毫不犹豫地下单买了一套。没想到同品牌同款的坐垫在朋友后来介绍我去的几家汽车用品店都只卖650元左右，看来也不是所有东西都是网上的便宜。”黄小姐说。

分析

虽说电商间存在着激烈的竞争，价格优势是电商最重要的优势。但事实上，没有任何一家电商会傻得把所有商品的价格都定得比对手或实体商铺更低。与传统实体零售企业相比，电商对于价格的设置更为灵活多变。除考虑基本的商品成本及供求关系外，市场热点及消费者对于价格的敏感度也是影响电商定价的重要因素。一般来说，电商企业在设置价格时往往会将热门数码电子产品、大型家电等顾客价格敏感度高、比价意识强的商品拿出来打价格战，给出的价格也较具竞争优势。

但另一方面，电商们在对厨具、玩具以及汽车配饰等标准化程度不高、消费者比价意识不强的小商品进行定价时，却常常会采取“高价策略”。虽然这些小商品页面可能也同样被冠以“史上最低价”、“限时抢购价”等吸引消费者的亮丽噱头，但这些所谓“促销商品”的售价有时甚至会比实体商铺的普通零售价更为“昂贵”。此外，对于供应商特供的独家销售品，电商企业一般也很可能会因消费者无从比价而给出相对较高的标价。

点评

大部分网购消费者都会因几次便宜购入价格敏感度高的商品而对某一或某几个电商平台产生“价格信任”，并进而形成“某某家买什么都便宜”的潜在认同。但电商企业都是玩转“定价策略”的高手，消费者的这种习惯性判断往往只对市场热门商品较为适用。建议消费者在网购非热门商品，特别是一次性购入多件小商品时最好稍微多浏览几个同类型电商网站或淘宝网店“比一比”再出手。虽说差价不一定很大，但几次积少成多，或许也能省下一笔不小的数目。

46 入驻商铺不保真

如今许多大型电商平台除自身推广销售的同时还会附带有部分品牌或商户自营的“入驻商户平台”，但电商审核入驻店铺时只按入库流程进行经营资质的审核，而自营商户所出售的商品是否为正品或商户是否具有品牌授权则多数不会进行验证。

案例

网购是刘岳最常用的购物方式，在他看来既方便又省钱，常常能以比专柜更低的价格购得所需物品。不过，这一次他可在网购路上栽了跟头。花费近1000元到手的“名牌”手表其实并非正品，而想要寻求赔偿的他也苦于投诉无门。原来，自从升职后，刘岳就一直在为自己物色一块拿得出手的手表，当他在某知名电商网站搜索时，发现在专卖店售价高达3250元的意大利名牌石英手表，在某家获得“真品”保证的商铺却只需980元就能买到，这接近3折的价格让他心动不已。

“会不会是假货呢？”刘岳对手表的真伪曾产生怀疑，但在一番思想斗争后，他还是出于对电商网站品牌的信任，同时又从店家那里得到了“真品”的保证，终于买下了这块手表。不过，当刘岳拿到这块手表时，隐约觉得表盘内的品牌标志比较粗糙。佩戴一个月后，刘岳的这块“名牌”手表竟然还开始褪色，这让刘先生确定自己是买到了假货。但当他向该网站售后部门投诉时，工作人员却要求刘岳必须出具相关证明。但由于手表并非专柜所售，品牌专柜也无法开具证明。一边是网站要求的必须开立证明，另一边却是专卖店在明知假货的情况下拒绝作证。这直接导致了刘岳维权未果，这980元权当买了个教训。

分析

实际上，刘岳遇到的问题并非个案，近两年，多家排名靠前的电商网站被爆出存在销售假货的问题。而这其实与网站的开放式发展有关。过去，B2C网站的货源基本都是由网站直接采购的，出现假货的几率很小，但随着第三方卖家的进驻，电商平台的经营种类日益扩大，对消费者来说可供选择的商品更多了，但掺杂假货的可能性也提高了。

可能有人会提出，电商网站难道不对这些卖家进行审核吗？没错，电商网站是会对卖家资质进行审核，但审核入驻店铺时只按入库流程进行经营资质的审核，而自营商户所出售的商品是否为正品或商户是否具有品牌授权等则大多不会进行验证。由于第三方卖家独立经营，其货源电商网站也无从把控。一旦出现纠纷，网站很难判定所售是否假货，所以只能由权威部门或品牌商出具相关证明，这样才能对商家进行处理。不过，很多品牌并不愿意看到网站低价销售自家产品，扰乱市场渠道，因此也就出现了刘岳遇到的情况，当他想要“打假”时，却没人帮忙。

点评

“限时折扣”、“惊爆特价”总能激发不少消费者内心的购物欲望，然而光鲜的表面下，是否藏有虚假销售的问题值得思考。国际一线品牌包包、饰品只需1折就能买到，新型手机、相机百元促销，知名护肤品只卖白菜价……这些“诱惑”之下，可能都暗藏造假风险。

尽管不少店家都会信誓旦旦地承诺保真，还许诺接受“专柜验货”，但实际上这条维权之路并不一定顺畅。由于网站对店家的进货渠道不可能完全把控，所谓的资质审核并不包括验收所有货品的真伪，因此消费者不能因为信赖网站而忽视了对入驻商家的警惕及理性判断。

47 电子票券暗藏玄机

许多电商在逢年过节时往往会推出买满一定金额即赠送对应优惠券或积分政策。但这些优惠券往往暗藏不少“玄机”，不是在使用时被限制使用范围，就是可抵值的商品价格虚高，不仅不一定“优惠”，可能还会引诱消费者为“凑数”而买进不必要的产品。

案例

王先生在“双 11”时各大电商优惠之际想要添置一台笔记本电脑，于是他在优惠当天去各大网站进行了浏览和搜索。由于是买比较大件的电子产品，王先生在质量保证、评价回复、价格差异上都进行了细致的对比。可是通过比较他发现，虽然每家网站都推出了十分醒目、看似优惠力度很大的促销措施，可是细细盘算下来，却也发现了不少猫腻。“优惠活动真的是目不暇接，有时候自己看一遍还算不清楚。”王先生略显调侃地笑了笑说。最开始他看中的一家网站全场每满 1 000 元就赠 100 元抵用券还能当场消费，可是价格上一对比，4 000 多元的标价却比同类网站的折后价格要高了四五百元，结果还是差不多。

分析

如今，消费返券是网上商家促销活动的主流形式之一。一些商家的返券力度特别大，动辄对折返券，如满“200 送 200”，甚至是满 200 返 300 超对折优惠。但是，商家这些吸引人的返券活动往往并不是“真心实意让利”，作为我们消费者需要警惕的是优惠券幅度越大，商品价格虚高的可能性也就越大。

进一步来看，电子票券虽然名目繁多，但消费者若想真正使用，有时还要面临种种限制。商家对于自己发行的优惠券都规定有详细的限制条件，有的限制条款甚至多达十条。消费者使用优惠券之前要花时间仔细研究这些名目，而且还不一定符合条件，这就使得消费者并不能轻松获得商家实实在在的优惠。

同时，优惠券的使用日期也是很关键的一个问题。一些特定活动的优惠券一般都规定了有限的使用日期，其中很多的使用日期非常短，或者在具体的使用日期上还有不少限制，比如不能在节假日、促销季使用，也不能与任何别的优惠相叠加等。

另外，电子票券和打折看上去好像差别不大，实质上是有很大区别的。参加打折优惠，钱在消费者的口袋里，消费者占主动地位，但是各种的优惠券则是商家占主导地位。一般来说，有优惠券消费者就会时常惦记，有时买东西就是为了获得或者使用优惠券去凑单，到头来也可能因小失大。

点评

一般来说，电子票券或者积分系统相比直接的、实质性的降价，往往更多的是商家希望消费者再次或多次到该网站购物、吸引更多消费所设立的。而有时候呢，也会为了在各种促销季、价格战当中脱颖而出，而被用来设置成名目繁多的促销手段，将本不怎么优惠的“优惠促销”变得看上去颇为“优惠”。

因而，牢记理性消费是每个消费者都要首先做到的。在这样的前提下，面对琳琅满目的电子票券，消费者只需遵循几个关键原则，就能有效区分优惠力度的大小。第一，消费限制有多少，在消费金额、产品类别、消费时限、使用限制上都要有所考察；第二，价格水分有多少，无论算法多复杂，都要自己计算实际获利，以免被虚高的价格所欺骗；第三，实用性有多少，一些票券虽然促销力度真的很大，但考虑到自己原本不会进行相关消费，就千万不要觉得浪费了什么而盲目购物。

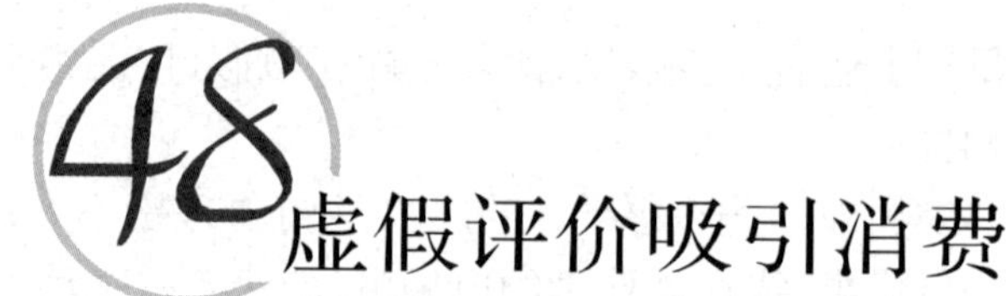

48 虚假评价吸引消费

“排行榜”、“热卖推荐”等都是电商常用的首页或邮件营销方式，但部分排行榜及推荐商品可能并非是按照实际销售情况进行编排的，而为了挑起顾客的购买欲，许多推荐商品或“热卖商品”中的评价或销售数量也可能是虚构的。

案例

“明明看到的都是好评，怎么到手的东西那么烂？”赵茵最近在某网店买了一件韩版大衣，可到手后却发现，衣服与图片式样有所出入，色差明显，做工也非常粗糙，一圈毛领子更是掉毛严重，导致深色大衣的肩部、胸口、背部都粘上了白毛。“这件大衣我本不想购买，但看见网站首页上清晰地标注着‘月销千件’，且用户评价都很不错才动了心，最后怎么名不副实呢？”赵茵很郁闷，当她向电商反映时，对方却称由于并不是质量上的明显瑕疵，所以不能退货。由于商品本身并不算太贵，不想过多纠缠的赵小姐也就打消了退货的念头。

此后，在进行商品评价时，赵小姐按自己的真实想法给予了差评。但随后她发现，自己的差评没两小时就被淹没在了“水军”的好评之中。“这时候我才意识到，原来网上的好评都有玄机。”再到网上仔细一看，原来所谓的“月销千件”只是商家打广告的噱头，衣服的月销售量虽然较多，有 200 多件，可远远低于宣传的数量。不仅如此，大部分好评都是“卖家态度不错”、“挺好的”、“尺寸合适”、“价格便宜”等无关痛痒的留言，而对产品本身质量如何、做工怎样却少有评论。刘茵这才意识到，商品评价可不像她想的那么简单。

分析

买东西先看评价是大部分买家的习惯，看到好评较多时，自然对商品留有不错的印象，反之可能就会打消购物的念头。因此，对卖家而言，维护好产品评价很重要。而这也就致使市场上出现了专业的“水军”，他们可以在很短时间内给商品刷出很高的信誉，甚至使其列入同款销售排行榜的前列。而许多带有“从众心理”的顾客往往会被这种虚假的“高销量”及“高评价”所蒙蔽，在不知不觉中被吸引并下单消费。

如果仔细观察，我们不难发现，电商这样的造假其实并非无迹可寻。比如某知名网站主页推荐的一款液晶电视机，尽管销量惊人，但客户评价相似度较高，能频繁看到“在××网购物放心、便宜、省心”这样的留言，对商品本身性能、使用情况只字不提。再打开其中一些钻石、双钻用户的商品评价历史记录，更显示出不少同一天对多个同类产品进行的集中评价，其中原因不言而喻。

点评

虚假评论和销量常常会误导消费者，所以当我们在选购商品时，应保持理性按需购买，对评论多留些心眼。当发现评价只是给予好评而不留言或留言属于对任何产品都适用的空话或套话时，就应多掂量掂量评论的可信度。通常，对有关产品使用体验的评论才比较有借鉴意义，特别是一些网站推出的“追加评论”功能值得消费者特别关注，因为这些评论往往更能帮助我们了解实际的商品使用体验。毕竟首次评论时，不少消费者还没有真正用过，或只是觉得外包装不错，卖家态度不错就给予了好评。

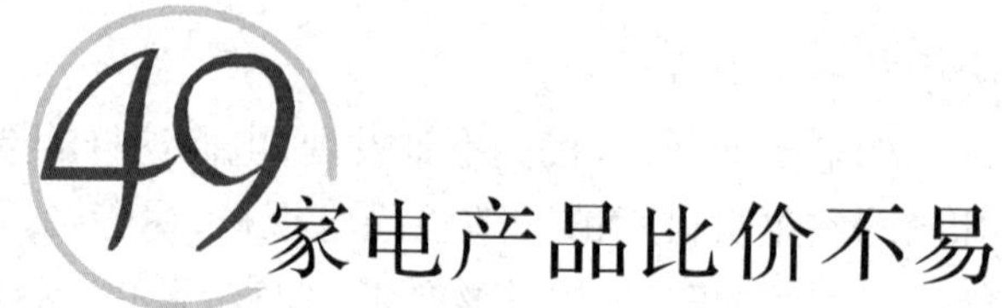

49 家电产品比价不易

随着不同电商企业以及线上、线下销售平台间的价格战升级，电商们纷纷开始在网上销售起了各自不同型号的“特供”家电，这些分化后的家电型号既不同于网络对手又不同于实体商铺，以至于消费者很难对它们进行比价。

案例

2013年年初，消费者徐先生开始兴冲冲地为刚装修完的新房购置家电。由于需要买入的家电较多，因此徐先生在比价方面花了不少心思。但令徐先生感到沮丧的是，他在某大型电商网站选中的几款家电都很难在其他同等电商平台里找到一模一样的型号。而当他带着从电商网站上抄录下来的型号前往实体店体验时，也常常因被告知没有相同型号的产品而“铩羽而归”。

“比如我一开始在京东商城看中了一台双开门冰箱，但这款冰箱在国美、苏宁易购、当当网上却都找不到完全一样的型号，只有差不多样子的款式，实体店也是一样的情况。虽然我之前特地下载了一些比价插件，但因为型号不同，比价软件基本派不上什么用场，最后还是凭感觉下的单。”而至于自己最终究竟是买贵了还是买便宜了？费了不小周折的徐先生坦言“心里没底”。

分析

虽说如今电商间的价格战看似硝烟弥漫，但真正能让消费者买得明白、得到实惠的其实多为价格透明的手机及数码产品。由于这些产品型号少，淘汰快，线上、线下卖的都是同样的货，消费者在进行比价时通常也较为从容方便。但对于家电产品来说，消费者想要在各大网站找到完全一致的型号就比较困难了，因为几乎每家电商都拥有如“定制机”、“包销机”等等不同名目的厂家“特供”型号。由于这些家电在不同电商平台上的叫法不同，因此即便是每家的外观、功能都很接近，但商品型号上总有字母或数字上的细微差别。如此一来，不仅一淘、有道购物助手等比价利器毫无用武之地，消费者也往往是“丈二和尚摸不着头脑”，很难准确鉴别价差的依据究竟出自产品成本还是商家利润。

同在线上比价不容易，线上、线下的比价就更困难了。据了解，“有些型号线上卖，线下不卖；有些线下卖，线上不卖”，这种情况在业内早已不是秘密，因为家电品牌商从几年前就开始针对线上、线下推出不同的产品型号。按照厂商的官方说法，中高端家电型号往往会被他们投放到百货类渠道，实用型型号则多投放到家电连锁渠道，而被投入不同的网络电商的型号多为性价比高的“特订机型”。但与其说这些复杂的型号编排是出于渠道投放的需求，倒不如说是各大电商与各大实体店铺规避“价格战”的默契考量。如果仔细观察，我们不难发现，部分型号不同、价格不同的产品在外观设计以及参数配置上的差异其实几乎微乎其微，但这却造就了消费者按实体店标注的家电型号无法在电商平台查找到相应机型或按网络电商提供的型号在实体店亦找不到对应机型的“怪事”，而“货比三家”也因此成了艰难的空话。

点评

虽说各电商网站及线上、线下的家电型号不尽相同，但消费者在选购比较时并不用太过在意具体型号。一般来说，只要家电的品牌、主要功能及外观基本相同，仅在型号方面出现数字或字母上的细微差异，那就基本可以把这两款放在一起比较。以冰箱为例，如同一品牌的控温冰箱，只要功率、能效、容积、面板材料等主要方面基本相同，仅在型号上或花纹上有细小区别，原则上可以把它们作为同一款冰箱进行比价。

50 数码产品可能被“翻新”

现在，许多消费者除前往数码产品专柜选购数码产品外，通过网上商城购机也逐渐成为了一种消费趋势。虽说几乎所有的电商网站都打着“正品保障”的旗号承诺所售商品的质量，但消费者却仍可能面对遭遇“翻新机”的尴尬。

案例

上海的蒋女士2013年1月底通过某名牌电商网站购买了一台16G的苹果iTouch。在收到商品后不久，蒋女士因不熟悉操作而拨打了官方客服电话进行咨询。但让蒋女士万万没有想到的是，当她把产品序列号报给客服后，竟被告知自己这部iTouch的保修期在2013年6月30日就将截止，而这也意味着蒋女士购买的iTouch在2012年就曾被激活过。在蒋女士几番义正辞严的交涉后，电商网站虽然最终同意了她的退货要求，但这样的遭遇却让蒋女士直呼“既伤时又伤力”。

无独有偶，北京的李先生也有着和蒋女士相似的遭遇。2012年9月，李先生在收到自己网购的iPhone 4时就发现机器背后有轻微的划痕及磕碰。为此深感不安的李先生特意通过苹果公司官网进行了查询，结果同样令人大跌眼镜，不仅90天的免费电话技术支持服务已到期，机器的激活时间也与实际购买日期不符。面对这台保修期只剩下不到7个月的“疑似翻新机”，正在协商退货赔偿的李先生非常生气地说：“还好这次留了个心眼，不然就真成了花正价买二手货了！”

分析

随着消费习惯的改变，许多消费者除前往数码广场选购数码产品外，在网上商城购机也逐渐成为了一种常态化的消费趋势。对于大部分消费者而言，之所以敢在各大著名电商网站购买如智能手机、手提电脑等价值不菲的数码产品，多是出于对商家“正品保障”的信赖。但事实上，消费者在享受网上购物带来的方便与实惠时，仍可能面对遭遇“翻新机”的尴尬。

一般而言，数码翻新机可分为“官方”和“非官方”两种，所谓官方翻新机是指厂商检测后确认无质量问题的包退期内退回的数码产品，通常厂商会明确标示该产品为翻新机，售价也会比全新机略低一些。而非官方的翻新机的质量则完全难以界定。

据了解，目前国内数码产品的销售渠道主要以正规行货渠道为主，但同时也包含部分非正规的其他渠道。由于绝大部分电商平台的进货渠道并不完全公开透明，因此消费者也很难像在官方旗舰店购买一样能百分之百确定所购产品的来源。但客观来说，正规的大型电商企业一般都会从正规的品牌渠道进货，所售的数码商品也基本拥有较好的保障。但需要指出的是，由于所有的电商企业都会面临一定量的数码产品退货，因此在管理不严的情况下，这部分被退的产品以及官方翻新机也可能有意无意地被作为“全新”商品二次出售。

点评

由于大部分消费者都不是专业的技术人员，在遭遇“翻新机”时不一定都能迅速看出端倪，因此我们建议消费者在网购数码产品时除了尽量选择拥有良好售后保障的大型电商外，自己也要掌握一些分辨翻新机的技巧与方法。比如在签收时应特别注意观察所购数码产品是否存在缝隙较为明显或外壳漆面存在小颗粒的现象。此外，及时通过官方渠道查询产品的序列号和激活时间等也是十分有效的判断手法。

信用卡的 10 个秘密

我已经还你这么多钱了，
利息为什么一点也没变？
因为游戏规则
是我说了算！……
全额
计息
欠款
已还款
卡

现在,信用卡已经成为了金融消费者最常用的工具之一。然而,很多人其实还并不真正了解信用卡,甚至会因为使用不当而遭致不必要的损失。这次,我们就来为你揭开信用卡的神秘面纱,告诉你隐藏在信用卡背后的那些秘密。

近年来，随着人们持卡数量的增多、用卡体验的深入，不少困扰、纠纷接踵而至。信用卡"被收费"、积分"被清零"，甚至卡片"被盗刷"等问题层出不穷，这些与用卡成本直接挂钩的问题也使人们对信用卡功能、服务提出了质疑。下面，我们不妨先对信用卡投诉最为集中的几点做个了解。

在各种投诉中，当然是收费类投诉首当其冲。年费、手续费、利息等都是信用卡可能产生的费用，由于各家卡中心制定的收费标准不同，同时又可能出现变更，因此一旦持卡人有所忽视，就可能"被收费"。

第二类是关于积分问题的。在过去几年，用积分换礼是一件挺让人高兴的事情，因为你既享受到了便捷的支付体验，又能额外获得礼品。而现在，越来越多持卡人反映，自己积分的价值正越来越低。有位张女士告诉笔者，自己 6 年的刷卡总额将近 20 万元，可积分却只有 3 000 多分，再看看能够换到的礼品，不过一条毛巾而已。还有位徐小姐哭诉，自己辛辛苦苦攒了两年的积分，说清零就清零了，还没换任何礼品就凭空消失。

第三类是关于服务问题的。比如明明是信用卡的特约商户，却被告知持卡人不能享受优惠，或是必须增加额外消费；原本可以享受的机场贵宾服务不知何时被取消了；参加了消费返现、消费赠礼活动却没有获得应得的奖金、礼品等。还有持卡人反映，在信用卡商城挂出的"特惠价"、"限时促销"往往噱头大过实际，其标注的市场价通常比实际市场价高出两三成，而折扣后的价格也没有多大优势，甚至仍然高于市场价。此外，还有一类投诉颇为醒目，就是当卡片遭遇盗刷后，银行通常不负责。

要化解上述纠纷，我们认为信用卡中心首先应当做好明确告知义务。

比如在卡片申领阶段，应对可能产生的费用做到如实告知，包括年费、取现利息、手续费、挂失成本、逾期利息、滞纳金、超限费，等等，用醒目的字体列明在申领手册中，更突出于其他条款，以便持卡人一目了然。

而在用卡阶段，对于可能给持卡人带来的用卡成本，应做好相应提示工作。比如，当持卡人申请分期还款时，应明确告知分期手续费如何收取；当持卡人对积分存有疑惑时，应告知哪些消费是不能累积积分的，特别对于境内外网上购物能否积分需让持卡人早早明白。而在积分有效期的问题上，也应通过可行、有效的手段让持卡人心中有数，如在账单中提示、发短信提示等。

身为持卡人，如果对信用卡的使用规则、技巧不甚了解，也应及时"补课"，避免因自身原因影响用卡。

这里，为了更好地让广大持卡人了解平日里可能并不了解的信用卡，看到你卡片可能隐藏的另一面，我们特别为大家揭开信用卡的 10 个秘密。了解它们，你或许能够更合理地开卡、用卡，真正让这一金融工具成为你生活中的好伙伴。

51 分期手续费远高于表象

表面看，分期付款手续费每期只有0.6%左右，但实际上，分期手续费是根据持卡人申请分期的总额计算的，即便每期归还欠款，手续费也不会逐渐降低，因此年化利率实际上在12%～15%左右。所以，究竟如何分期还是有着很多技巧。

案例

小王是个名副其实的冲动型消费者，前一秒看中的商品后一秒就急着付款，对那些自己喜爱的品牌更是毫无抗拒能力。同时，从不记账的她又对自己花了多少钱完全没有概念，往往直到收到信用卡账单，才发现消费金额已经攀上5位数，这可比她平日里七八千元的月收入超出了不少。

每到这个时候，小王就会求助于银行的账单分期、单笔大额分期等分期付款业务，以给自己留下一段"喘息"的时间，去弥补日常开销上的缺口。她总是觉得，分期手续费一般每期只有0.6%左右，作为一种周转工具还是较为划算的——直到她的同事给她算了一笔账，她才猛然发现，通常的分期付款年化利率实际上在12%～15%左右，表面看似明明白白的收费其实暗藏了高额的成本。

分析

"信用卡分期还款不用利息"？总是会有持卡人受到"免息"宣传的诱惑，但却忽视了一点：在信用卡分期还款计划中，费率并不等于利率。

原来，银行所收取的手续费是按照刷卡金额的固定比例来计算的。在还款过程中，刷卡人占用的银行资金会逐期减少，但手续费却不会因为本金的减少而发生变化，所以由此而计算出的实际利率要高于简单相加后的费率。

举例来说，持卡人A女士刷卡购买了一台液晶电视，花费18 000元，之后申请了12期分期还款。根据银行规定，每期需要按照消费总金额的0.6%来缴纳分期付款的手续费。也就是说，她每期要支付本金1 500元和手续费108元(18 000×0.6%)，一共是1 608元。然而，除了第一个月，A女士所占用的银行资金为18 000元之外，随着还款的进程，她所占用的银行资金一直在逐期递减。到还款的最后1个月，她实际只占用了银行1 500元，银行却仍按照18 000元的全额本金收取手续费。

所以，要计算分期付款的实际利率，我们应引入“平均贷款余额”的概念。从上述例子来看，平均贷款余额 = (18 000 + 16 500 + 15 000 + …… + 3 000 + 1 500) ÷12 = 9 750元，这个金额才是持卡人还款期间平均占用的银行资金，相当于其全年向银行贷款9 750元不变。然后，再按照实际支付的手续费总额108×12 = 1 296元和平均贷款余额9 750元计算，实际贷款的利率应该是1 296 ÷ 9 750 ×100% = 13.29%，而不是0.6% ×12 = 7.2%，几乎相差了一倍。

点评

由此可见，分期还款的实际成本远远高于表面数字。而且，分期还款计划中一般规定，持卡人即使提前偿还欠款，手续费仍需要按原计划扣除。例如你原本申请将一笔消费分6期偿还，后来提前在3期内全部还清，但手续费用仍需要按6期缴付。也就是说，提前还款并不能降低分期成本。因而，免息分期还款虽然是一种相当实用的消费信贷方式，但在实际操作中，到底要不要分期，分多少期，还要根据刷卡人情况作理性选择。总之，绝不能像小王一样一而再、再而三地把“分期”作为长久之计。

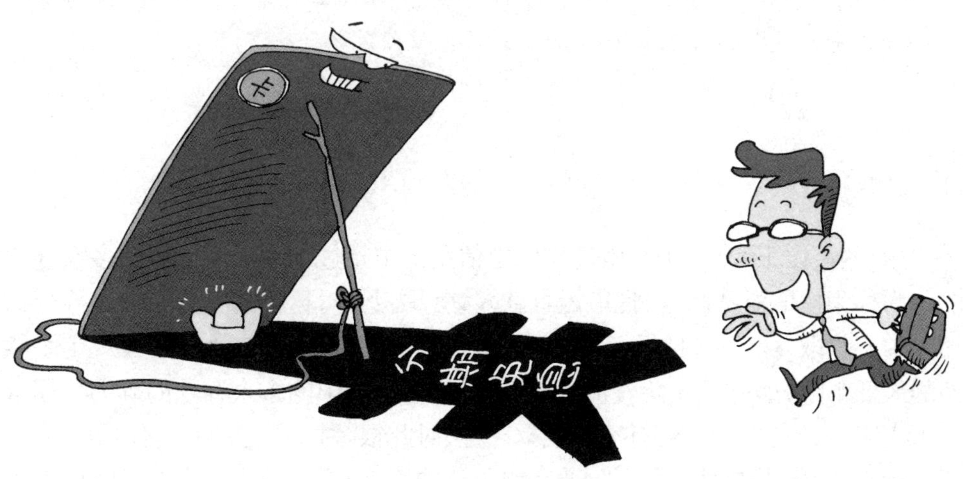

52 取出溢缴款有手续费

你是否习惯多往信用卡里存点钱？别傻了，你不仅拿不到利息，如果想要取出，还必须支付溢缴款取现手续费，或是溢缴款“领回”手续费。所以，通过刷卡消费来消耗多余的资金，尽量避免提取现金才是明智之举。

案例

“为什么明明是取回自己的钱，还要被银行收手续费呢”？王女士最近很郁闷，她告诉笔者，自己用卡已经六七年了，从未因为手续费、年费、利息烦恼过，用卡体验一直很愉快。可是前不久，因为有急事临时需要现金，而她的信用卡里正好多存了近2 000元，于是她就到ATM机里取出了1 800元，没想到，这一提款让她白白损失了18元手续费。“信用卡里的钱也是我自己的钱呀，怎么还会‘被收费’呢”？王女士至今没弄明白这费用从何而来。

李小姐也和王女士遇到了一样的烦恼。父亲糊里糊涂把信用卡当成借记卡，把2万元现金存了进去。当她想要帮父亲取回钱时，却被银行告知，需要按照1%的比例缴纳200元手续费。不仅如此，由于信用卡每日取现2 000元封顶，要想全部取出，还得分10天完成，实在是劳神伤财。

分析

据了解，像王女士、李小姐这样取出信用卡中超过信用额度部分的多余存款的行为称为提取溢缴款，或提取溢存款。在过去几年，这样的行为会被大部分信用卡中心收取0.5%～1%不等的手续费，同时，一些信用卡中心还会规定手续费的最低下限，如最低5元。也就是说，尽管信用卡中的多余存款的确为信用卡持卡人所有，但要取现，会有额外成本产生，对此很多持卡人可能并不了解。

近来，随着人们对信用卡收费问题争议的逐渐升温，不少卡中心已经取消了这笔费用，但仍有一些规则不变。部分信用卡中心表示，如果持卡人到银行柜面提取溢缴款将不被收费，而若直接到ATM机取款，则需要支付一定手续费。此外，若持卡人在跨行的机具上取现，费用可能更高。

值得注意的是，一些信用卡中心可以为持卡人提供“领回”服务，其好处在于可以不受每日取款额 2 000 元的限制，但“领回”同样需要持卡人支付一定手续费，比例通常与取现方式相同。

点评

2012 年 4 月 1 日开始公布的银行服务收费价格目录表中，便有对各项服务收费的明码标价，其中的确包含了“溢缴款”取现的手续费。由于目前监管部门对银行是否应免除“溢缴款”手续费暂无明确规定，该收费项目仍然属于市场调节范围，完全由银行自行决定。所以，持卡人就须对自己的信用卡的有关政策多做了解。

应当明确的是，信用卡不同于借记卡，往借记卡中存款我们可以获得一定利息，而当我们“填饱”自己的信用额度后，再向信用卡中充值是不会有利息产生的，就连最低的活期存款利息也没有。因此，向信用卡中存款无利可图。

不仅如此，溢缴款取现手续费由来已久，这是一项信用卡中心针对超过信用额度的多余存款的取现手续费，目前仍有不少卡中心收取该费用。这样一来，持卡人向信用卡中充值就更没有必要了，既无收益又影响资金的流动性，信用卡中心也不会因为你有多余存款而提升信用等级。

如果持卡人不小心将存款存入了信用卡，比较直接又无成本的使用方式是通过刷卡消费来消耗这部分资金。尽量避免提取现金才是明智之举。此外也提醒广大持卡人分清自己的借记卡与信用卡。

53 透支取现成本高昂

如今各大银行鼓励持卡者进行信用卡取现的活动层出不穷，但这种现金透支行为对持卡者来说却并不是笔合算的买卖。因为这种“预借现金”的透支行为不仅享受不到与透支刷卡同等的免息待遇，还要承担额外的手续费用以及每日万分之五的高额利息。

案例

日前，沈小姐在自己的信用卡账单上发现了一笔 20 元的开支，这让每次刷卡都超过百元的她百思不得其解。通过电话咨询后，她才知道这笔费用竟然源自于自己的一次小额透支提现。原来，习惯带着信用卡出门的沈小姐数天前曾因急需现金用信用卡在 ATM 机上取过 100 元现金。但没想到取 100 元竟然要扣 20 元手续费！而更让沈小姐不满的是：“为什么我只能通过账单查到这笔 20 元的‘预借现金手续费用’，但在取现凭条上却根本找不到这笔款项？”

无独有偶，蒋先生最近也因信用卡透支提现而支付了一笔自己意料之外的“冤枉钱”。由于饭店的 POS 机临时出了故障，蒋先生在月初的一次商务宴请后用自己额度为 2 万元的信用卡在酒店旁的 ATM 机上提取了 3 000 元现金用于结账。但在月末收到账单时，蒋先生却发现自己要为这笔提现支付高达 115 元费用。“没想到信用卡透支取现还要利息和手续费，信用卡不是有免息期吗？”蒋先生带着疑惑向笔者反映。

分析

现如今，各大银行鼓励持卡者进行信用卡取现的活动层出不穷，但像沈小姐和蒋先生这样对信用卡透支取现成本“云里雾里”的持卡人仍不在少数。事实上，透支取现与透支刷卡虽同属透支消费，但两者的成本却截然不同。透支提现除了不能与透支刷卡享受同等的免息待遇外，每次提现还需向银行支付一笔手续费用。

目前，绝大多数银行对信用卡透支取现行为收取的手续费费率为 0.5%至 2.5%不等，其中建设银行与民生银行的费率最为亲民。也有银行设定最低手续费，如招商银行、中信银行规定的最低手续费为 10 元，平安银行的最低手续费则是达到了 25 元/笔。

而除一次性收取手续费外，各银行还会从取现当天起，按透支额收取每日万分之五的复利，直到透支额全部还清为止。如将上述万分之五的日利率换算为年利率，则该利率将高达 18%，是现行一年期贷款利率的 3 倍以上。需要指出的是，使用信用卡“当天提现，当天还款”虽不需支付利息，但手续费方面的成本仍必不可少。

点评

考虑到信用卡透支取现的成本远高于透支刷卡，建议持卡人应尽量选择透支刷卡，避免透支取现。

此外，由于信用卡提现采用复利计息，利息金额会随着时间的推移像雪球一样越滚越大，因此持卡人在提现后应尽早还款，同时需注意所持信用卡还款的优先级，以避免不必要的利息损失。一般情况下，各种费用如取现费、年费、挂失费、工本费以及利息如滞纳金、超限费、取现利息、消费利息的优先级最高，然后依次是上期取现交易本金、上期消费本金、本期取现交易本金、本期消费本金。

54 少还一分钱可能全额罚息

信用卡全额罚息制度由来已久,在大部分银行尚未改变政策前,持卡人在有能力的情况下务必全额还款,若少还1分钱,都可能面临高额罚息。同样的道理,如果你恶意透支,就有可能面临诈骗罪定罪的处罚。

案例

因为少还银行22.24元,却被罚去589.16元,持卡人小季有苦说不出。

原来2012年8月,小季和朋友去欧洲疯狂购物了一番,一共透支消费了40 622.24元,并于8月25日收到了账单。粗心的小季在9月13日前往银行还款时,只偿还了40 600元,忽略了22.24元零头,由此导致9月25日的账单中赫然写着利息金额589.16元,看得她傻了眼。

"信用卡中心工作人员说,虽然我偿还了大部分欠款,可还是必须从每笔消费入账日开始,每天计收万分之五的利息,且针对所有欠款全部计息。这样,也就有了这近600元的罚息了。"对于这样的解释,小季既生气又无奈,想想自己毕竟只是少还了20多元,可却要付出近600元的代价,实在是不成比例。

而像小季这样的持卡人不在少数,刘先生也是一位。第一次申请信用卡的他在拿到首期账单后,只偿还了最低还款额,他以为这也是持卡人减轻还款压力的一种方式。但事实上,这样做的直接后果是他被银行罚息了,一下损失了60多元。"不是账单上写着最低还款额吗?为什么明明还了还要罚息呢?"刘先生有点弄不明白。

分析

据了解,全额罚息是大部分信用卡中心对于持卡人没有全额还款作出的相应处罚措施,这一做法已经延续多年。具体来说,当持卡人未全额偿还欠款时,当期账单就没有免息期一说了,而会从每笔消费入账当天开始计收利息,每天比例为万分之五。如果持卡人在最后还款日前已经偿还了一部分欠款,那么这笔欠款的利息就到还款日停收,而其余未偿还部分,则继续计收利息,直至全部还清为止。

比如，持卡人当期账单欠款一共为 10 010 元，在最后还款日他只偿还了10 000 元，差 10 元未偿还，那么他将无法享受当期的免息期。从消费入账日当天开始，这 10 010 元将全额计息，即每天 5. 01 元。其中 10 000 元部分的利息将收取至最后还款日为止，而未还的 10 元部分利息将继续收取，直到持卡人全部还清为止。

换句话说，即便持卡人已经充分还足了最低还款额，也是会被罚息的，因为最低还款额通常只有全部欠款金额的 10%。

而如果持卡人连最低还款额都没有还足，除了面临高额罚息外，还必须面对滞纳金。通常滞纳金按照最低还款额未还部分的 5%收取，各家卡中心会制定最低限额，如最低 10 元。此外，未还至最低还款额还会给信用记录增添污点。

点评

关于信用卡全额罚息，实际上，不少国外信用卡也有此做法，并非国内独有。

但应该看到的是，一方面，信用卡中心在“通知”、“告知”工作上还有欠缺，应更加完善对用卡人的指导工作，特别在收费项目上，做好必要的提示。另一方面，针对近期爆出的透支 10 万元 4 年未还变 50 万元、年轻人盲目开卡无力偿还后父母只得变卖房产等案例，我们认为高额罚息的累积需要很长时间，这些案例的背后不无恶意透支的情况，而一旦被银行提起诉讼，很可能以诈骗罪定罪处罚。对此，持卡人也应引起重视。

55 信用卡商城“特价”只是噱头

面对各家银行的信用卡商场让利、分期优惠广告，冷静下来对比其他购物网站的价格就会发现，所谓的原价已经高于市场价，甚至折扣后的分期总额，也高于市场实际价，并没有实质的价格优势。

案例

小李最近想要入手一台心仪已久的笔记本电脑，可是因为短期内手头并不宽裕，于是他想到了自己办的信用卡有一个网上信用卡商城，每次寄账单过来都会附上商城的商品推荐，印象当中自己看中的电脑是可以在商城购买并分期付款的。他上网一查，果然看到了该款产品，价格也与该品牌电脑的官方报价相同，7 700 元的总价，免手续费和利息分 12 期之后，每个月只要支付 600 多元，就能立刻用上新电脑了。他一时欣喜，很快就下单购买了。

可是买回来之后，女朋友却抱怨小李不会过日子。原来，相同的电脑在各大电商网站、购物平台上，相比官方价格多少都有几百元的价格优惠，虽然无法分期购买，但总价明显低不少。这让小李感到颇为心痛。

分析

其实，信用卡往往会有各自的一系列分期产品，主要以手机、相机、笔记本电脑等数码产品为主。而持有多张信用卡的用户会发现，即使是同款商品相同期数，不同银行的定价不尽相同。业内人士表示，信用卡分期业务会占用银行的信贷额度，因此各行分期业务的力度不同，且商品供应商的报价也不同，导致同款产品的定价不同。那么，这些价格究竟有无优势呢？

笔者浏览并对比了数个银行及电商网站的报价，以目前价格相对较为稳定和透明的苹果 iPhone 4S(16GB)为例，大陆苹果官网的报价是 4 488 元。可在建设银行的龙卡商城，该款手机的全额支付却要 4 496 元，若分 12 期支付每期为 374. 67 元，总额也是 4 496 元；华夏银行则更贵，不论分 1、3、6 或 12 期，总额都

是 4 650 元。虽然两家银行分别有一些屏幕贴膜、车载充电器的赠品，但商城售价边上标注的五六千元的“原价参考”与实际情况出入较大。相比之下，也有些信用卡商城的报价比官网便宜。比如平安信用卡网上商城的售价为 4 448 元，可分 12 期偿还；招行信用卡商城报价为 4 398 元，可分 12 期偿还。不过，两家银行网站上的“市场价”同样比实际市场价格高出不少。而再去对比电商网站，京东商城当前 4 388 元的售价和苏宁易购 4 189 元的售价无疑更有优势。

点评

从各家商城的对比中可以看出，多数推荐的产品价格都要比自己去市场购买时多花上百余元甚至更多，而这多出来的钱其实一定程度上就相当于变相交了分期付款的手续费。当然，也不排除个别的产品或促销阶段会比市场价格便宜的情况出现。

信用卡商城分期购买的优点在于消费者能提前消费，不用苦苦地存上几个月的钱才能购买自己喜欢的商品。而缺点就是网上商城商品的报价往往要高于市场中间价，并且产品也不由银行负责，而是由各大代理商负责，在运货渠道、物流速度、售后服务上有时候也都会有所欠缺。

对于消费者来说，事先货比三家，认清购买的分期优势和价格差异是最主要的。另外，目前也有一些电商网站开始推出信用卡分期付款的合作项目，而信用卡刷卡消费本身也可以直接申请分期还款，这其中的具体价格差异，就要消费者自己算清楚总账了。

56 境外刷卡暗藏货币转换费

当境外币种与卡片币种不同时，就需要货币转换，从而会产生货币转换手续费。各卡中心的收费标准不尽相同，而由于这笔费用不会单独列支，所以很多持卡人没什么感觉，会忽视这笔损失，对此我们也要留神。

案例

国庆长假，老张带着全家去欧洲旅游了一回。因为平时精打细算，老张一家虽然花销不少，但他都一一留心保存小票并记了账，生怕境外刷信用卡出现什么问题。

然而，等回国后拿到银行寄来的账单，老张却发现了问题。原来，应还账单金额比老张自己记的账高出了几十美元。老张拿着计算器根据汇率左算右算，发现都跟自己的记录有出入，于是只好拨通了银行的客服热线。一问之下，老张这才弄明白，因为他使用的信用卡是美元卡，刷了欧元后，需折算成美元结算，而这个过程中，银行要收取1.5%的货币兑换费。“没想到刷卡除了汇率还会有别的隐藏收费，真是长见识了。”老张颇有些无奈地说。

分析

出国旅游时，我们往往都被告知要尽量走银联通道而避免走 Visa、MasterCard 等途径，因为这样会“划算”一些。实际上，境内持卡人之所以喜欢走银联通道是因为无论在全球哪个地方，只要通过银联渠道刷卡，消费金额都会直接按汇率转换为人民币入账，并不产生任何兑换手续费，也就不会增加持卡人的用卡成本。不然，则可能就会产生一定的外汇兑换手续费。

外汇兑换手续费，准确地说应该是“国际结算费”，它是指实际消费币种与信用卡结算币种不同时，国际卡组织向发卡银行收取的一笔货币中间转换手续费。举例来说，假设你去欧洲旅行，带了一张 Visa 的人民币-美元双币卡，那么你所消费的欧元在入账时就需要换成美元，在这一过程中，就产生了外汇兑换手续费。而通常，发卡银行会向持卡人收取这笔费用。又由于这笔外汇兑换手续费在账单中不会单独列出,所以很多持卡人并不在意。但若是按当天汇率折算一下就会发现,其实这部分的成本并不少。

在向多家信用卡中心了解后我们发现,大部分卡中心的收费标准定为按交易金额的1.5%收取,工行、农行的Visa卡标准较低,按交易金额的1%收费,也有的银行要收取1.75%的手续费。

值得注意的是,一些银行在交易币种与信用卡外币账户币种相同时也会收取一定的结算费,如华夏银行的人民币-美元双币种卡片,走非银联线路交易,在美元区亦按交易金额1.1%收费,民生银行双币种卡片的外币账户如与当地币种相同,也会按交易金额1%收费。

点评

为了避免这些成本,我们建议持卡人首先要了解清楚刷卡当地的交易币种,并明确自己的卡片是否会收取货币转换费,收取的比例又是多少。若所持信用卡因结算币种与当地币种不同会产生货币转换费,那么建议持卡人改用当地币种的信用卡,或走银联通道予以规避。若结算币种与当地币种相同,也不得不支付货币转换费时,持卡人则可选用其他银行信用卡,或同样走银联通道予以规避。

此外,还需要特别提醒的是,欧洲部分国家的货币并非欧元,在这些国家消费时,使用欧元卡也就不见得一定划算了。比如在瑞士,交易币种为瑞士法郎,并非欧元,所以即使你用了欧元卡,还是会有货币转换成本的。持卡人不妨多看看信用卡攻略、旅行攻略,找出最"划算"的途径。

57 不同刷卡线路汇率有高低

银联、Visa、MasterCard等信用卡组织的汇率并不相同，在出境消费前，建议持卡人先做好有关功课，选择最优的刷卡线路。同时相关汇率的波动也会对结算产生一定影响，对此我们也需多加留意。

案例

前不久网友圆小圆圆去中国香港地区购物时，发现在走银联线路刷卡时，汇率为0.807 5，而她当天在银行网站上查到的现钞卖出价只有0.805 5。“不是说走银联是根据实时汇率结算的吗？怎么会比银行牌价更高呢？”圆小圆圆有些疑惑。

网友鱼酱爬爬也有疑问，她和朋友在欧洲消费时分别用Visa、MasterCard美元卡结算同样金额的交易，同样比例的货币转换费，可入账时的美元金额却不一样。“两笔交易几乎是同时进行的，怎么汇率会有差别呢？是不是Visa、MasterCard本来的汇率就不同呢？”鱼酱爬爬说。就这笔交易，她比朋友多付了2.6美元。

分析

针对这些问题，有关专家指出，银联、Visa、MasterCard在境外交易时，汇率的确并不相同，究其原因，是卡组织各自的议价能力不同。通常，作为世界最大的信用卡组织之一的Visa，在货币谈判上的优势相对明显，它们给出的汇率往往比较好，银联则稍逊一筹。

对此，笔者在2012年11月12日对银联、中国银行官网外汇牌价以及Visa官网外汇汇率进行了比较。其中，银联电话语音播报系统并非及时更新，而只反映当天上午11点汇率。结果显示，被查询的港币、日元、美元、欧元和新加坡元等5个币种，均为中国银行外币现钞卖出价最优，除日元外其余Visa不含货币转换费的汇率要优于银联汇率，而若Visa含1.5%货币转换费，则成本最高。

以欧元兑人民币汇率为例，银联语音播报为8.003、中国银行现钞卖出价显示为7.957 1、Visa(不含货币转换费)显示为7.988 297、Visa(含1.5%货币转换费)显示为8.108 121。虽然汇率时时变动，这些数据难以做到同一时点采集，但考虑到每天升降幅度有限，同时不同币种兑人民币走势各有不同，因此上述比较仍能在一定程度上反映不同渠道的货币兑换水平。而且值得注意的是，Visa给出的汇率最为精确，而银联保留的小数点位数较少，这可能也会影响持卡人实际的支付成本。

点评

对于银联及其他卡组织的汇率高低问题，不少持卡人并不了解，很多人可能觉得三者水平一致，但实际上，汇率是有高有低的。虽然不能绝对地说哪个渠道的汇率一定是最优的，但我们建议持卡人先对自己的卡片币种进行了解，再综合考虑后确定以何种线路刷卡。

要知道，除了各渠道的汇率高低外，其他因素也会影响最终成本。走非银联线路是以外币结算的，如人民币-美元双币卡就以美元结算，人民币-欧元卡就以欧元结算，从入账至账单生成，再到持卡人还款，汇率会有变化。当人民币处在升值通道时，越晚还款所需的人民币越少，这时候走外币结算比较有利；反之，则应尽快结算成人民币，走银联通道更省钱。

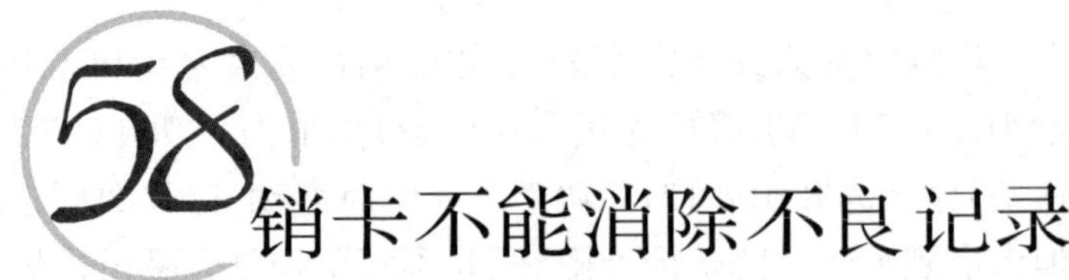

58 销卡不能消除不良记录

个人征信系统中的不良记录并不会因为持卡者还款后注销信用卡的行为被同时撤销，反而会因为销卡后没有新的更新信用记录产生而被长期记录在案。因此消费者在日常用卡时应当做到细心谨慎，避免有不良记录的产生。

案例

"为什么已经足额还清并销卡的信用记录还会影响我的各项申请呢？这些不良记录究竟要跟随我多久？"日前，市民张先生提交的房贷利率优惠申请及新信用卡申请均遭到了银行方面的拒绝，而原因就在于张先生无法通过银行方面的信用评估审核。

原来，张先生曾在2009年办理过一张信用卡，由于是第一次申领信用卡加之起初半年很少刷卡消费，张先生的还款期限意识较为薄弱，曾有过3次逾期还款的不良记录。2012年年初，准备买房的他从售楼处工作人员口中得知，信用卡逾期还款的不良记录可能导致持卡人无法申请到银行房贷利率的最高优惠。张先生在自责的同时非常担心，为了省去麻烦，他在将信用卡欠款全数还清后，当即注销了自己的旧卡并向另一家银行提出了新卡申请。在张先生看来，既然旧卡及以前的欠款都不存在了，那么附着在旧卡上的所有记录也肯定会跟着一起消失。但在随后的办理过程中，张先生却被银行工作人员明确告知，由于此前曾有过的不良信用记录，他将无法申请到房贷优惠利率以及新的信用卡。

分析

出于害怕信用卡的不良记录会直接影响到自己的跳槽及借贷，不少处于"敏感时期"的市民在信用卡出现逾期还款等不良记录后往往会和张先生一样选择还款后注销原卡，以期用"毁尸灭迹"达到"洗白"信用的效果。但事实上，这样的做法既不可行也不可取。

根据国务院公布的《征信管理条例(征求意见稿)》，"征信机构不得披露、使用自不良信用行为或事件终止之日起已超过5年的个人不良信用记录"。而这就意味着，只有在前一次不良信用行为得到解决的 5 年之后，个人或企业在征信系统中才能恢复“清白之身”。如果将不良信用行为具体到信用卡逾期还款这一问题，央行个人征信系统对此类不良记录的具体登记时间为 2 年。

但需要特别指出的是，个人征信系统中“登记 2 年”的含义并不单纯等同于时间意义上的 2 年，而是特指“最近 2 年”。也就是说，个人信用报告上一般展示的是信用卡最近 24 个月的还款记录。如果持卡人想要刷清信用卡相关的逾期记录，就应该在不良记录产生后继续使用至少 24 个月，用新的良好记录替代此前的不良记录。相反，如果持卡人选择在短时间内盲目销卡，就会将自己用卡的信用记录永远“定格”在销卡前的、曾有过不良记录的 24 个月。

点评

如果持卡人只是偶尔出现一次逾期还款，只要在此后按时、足额还款，那就足以证明自身的信用状况正在向好的方向发展。

当然，持卡人如发现信用报告中存在与事实不符的错误记录，也可以通过以下三种渠道要求核查纠正：一是所在地的中国人民银行分支行征信管理部门；二是所在地征信中心；三是涉及出错信息的商业银行经办行。

59 临时额度到期末还有超限费

尽管大多数银行已经叫停了超限费，但仍有部分银行按原标准收费。当持卡人临时额度到期时，若没有偿还已使用部分，同样会被收取超限费。所以，大家对自己的还款能力应很好把握，量力而行，切莫刷“爆”卡片。

案例

“怎么我的信用卡多了一笔手续费呢？”市民廖先生最近致电给我们，说他的信用卡账单中莫名其妙地多了一笔手续费 168.5 元，而客服人员对此的解释是：超限费。“我听说超限费是针对超过信用额度用卡收取的手续费，可我都是在额度内用的卡片，就算上个月有比较高额的消费，也提前申请了临时额度，怎么还有超限费呢？”对此，廖先生表达了心中的疑惑和不满。

原来，廖先生乘着国庆优惠促销，购置了不少家用电器，为了避免额度不够用，还特别致电卡中心申请临时额度，将原本 1 万元的固定额度提升到 15 000 元。最终，他当期一共花费了 13 370 元。不过，廖先生对于临时额度到期一事并未上心，等到他拿到账单时才发现，由于没有在额度恢复前偿还临时额度中被使用的 3 370 元，便产生了 168.5 元的超限费。

分析

所谓超限费，顾名思义就是持卡人使用卡片时超过了其本身的额度。比如卡片信用额度为 1 万元，但持卡人一下刷了 11 000 元，那么超限部分就为 1 000 元。对于这部分的消费，一些卡中心会收取超限费，超限费通常为超限部分的 5%，1 000 元就是 50 元。

为了防止这部分费用的产生，一些持卡人会很聪明地选择消费前提升临时额度。所谓临时额度就是在固定额度基础上增加一个较短期限的额度，方便持卡人短期内的大额消费。通常，信用卡中心的临时额度可延续 30 天至 3 个月不等，提前 3 天致电信用卡中心能确保提额成功。

随着消费水平的提高，在辛勤工作的间隙外出度假旅行已经成为了都市人舒缓压力、享受生活的一种主流方式。你只需随意地走入一间街边的旅行社，便会有专业的工作人员热情地为你挑选路线、规划行程。然而，如同我们对于“银保基”以及地产、加盟行业的“揭秘”一样，旅游市场所处的消费领域也同样暗藏“玄机”，在这些看起来很美的风景与行程背后，也同样隐藏着一些不为普通消费者所知的秘密。

繁荣背后实存隐忧

近年来，我国旅游行业发展迅猛。据统计，2011 年我国国内旅游人数已达 26.4 亿人次，比 2010 年增长 13.2%；国内旅游收入达 1.93 万亿元，增长 23.6%；全国旅游业总收入达 2.25 万亿元，增长 20.8%。有行业研究专家预测，到 2015 年，我国旅游行业总收入将达 2.5 万亿元；国内旅游人数将达 33 亿人次，旅游消费占居民消费总量的比例更将高达 10%以上。在如此巨大的商机驱动之下，大大小小的旅行社也早已随着行业的繁荣“遍地开花”。然而，在旅行社数量不断扩张及旅游行业整体不断繁荣的另一面，却是旅游市场存在的各种乱象。事实上，由于旅行社行业的入行门槛较低，许多尚不具备优质服务能力的旅行社或层层挂靠于某些旅行社的小门市部混迹其中，使得整个团队旅游市场鱼龙混杂。而在旅游旺季，市场上甚至会出现许多打着“正规大社”旗号，其实根本不具备任何经营资质的“黑社”。由于缺乏良好的经营管理能力与资源协调能力，这些实力不足的旅行社往往无法向游客提供基本的服务保障，而“散、小、弱、差”的“黑社”，更是往往因只顾眼前利益而肆意侵害消费者的权益。

据国家旅游局旅游质量监督管理所发布的 2011 年全国旅游投诉情况通报显示，2011 年全国各级旅游质监执法机构受理旅游投诉 11 060 件，比上年增加 1 118 件，同比上升 11.25%；在立案调查的 10 003 件投诉中，投诉旅行社的更是高达 6 155 件，占投诉总数的 61.53%。对于绝大多数消费者而言，享受生活，省却吃、住、行、购、娱等出游烦恼是他们选择“跟团游”的初衷，但一段出发前万般期待的美好旅程，有时在现实中却怎么也“美丽”不起来。

“馅饼”之中暗藏陷阱

笔者在走访调查中发现，让大部分旅游投诉者感觉旅程“美丽”不起来的主要原因，是旅行社在实际旅游过程中无法真实履行事先约定的日程安排及服务标准。这就好比，消费者明明点了“阳春白雪”，旅行社端上来的却是盘烂青椒炒土豆丝；旅行社原本承诺好会精制一碟“翠柳啼红”，游客实际“享用”到的却是地沟油炒出来的辣椒油菜。

由于旅游行业是一个将行、住、吃、游、购、娱各个环节联为一体的综合性产业，为了竞争，旅行社往往会使出浑身解数，在交通、游览、餐饮、住宿、购物、娱乐、信息等各个环节千方百计地设计出各式诱人"馅饼"，意图吸引消费者的视线。比如，有的商家会打出"零团费"、"负团费"的旗号；某些旅行社也总高举着"特惠赠送"、"买二送一"的"超值"标语。但需要指出的是，旅行社不是公益组织，不可能白白贴钱带消费者去旅行，这些假"馅饼"背后往往藏着真"陷阱"。在与旅行社打交道的过程中，消费者应注意回避以下三大类暗藏陷阱的赚钱歪术。

第一，价格陷阱。价格一直是商场竞争的手段。近年来，旅行社围绕价格的混战一直没有停止过。一些中小旅行社短期经营的目的性强，没有长远的经营策略与品牌意识，价格战便成为其营销中最重要的"王牌"。但由于价格竞争的有限，无止境的降低价格必然会导致这些旅行社的服务质量大打折扣。消费者在遭遇类似"零、负团费"、"品质特惠"等出团价明显低于或接近成本价的"馅饼"时一定要保持警惕，因为这种"亏本"模式从一开始就意味着猫腻，旅行社必然会从其他地方把钱捞回来，导游也往往会通过带领客人前往大量购物点，诱迫游客大量购物来平衡差价，赚取回扣。

第二，行程陷阱。许多旅行社为了获得更多的收益，往往会采用"减少游玩时间"以及不合理的景点安排在行程上构造陷阱。比如一些深受游客喜爱的著名景点经常会被设计为自费项目或被缩短参观时间，而大量对消费者而言游览价值较低，但旅行社能获取高额返利的景点，反而摇身成了行程表中长时间逗留的主角；又比如部分旅行社往往仅提供重要景区的首道门票，由于大部分景区"第一门票"的含金量大多不高，其结果无疑便是增加自费项目。而旅行社则能在降低参团报价的同时，为自己创造增加收入的机会。综上所述，旅友们在参团报名前，最好先通过网络或其他各类资料对拟赴景点进行一番基本的了解调查，并在此基础上对不同旅行社的可选行程进行评估。

第三，合同陷阱。某些信誉不良的旅行社为逃避责任往往会对合同做一番手脚，将旅行社应承担的责任条款和义务简单化、模糊化，对自身的免责条款却一再强调、夸大。还有的旅行社故意不和游客签订合同，以未盖章的"行程安排表"来代替合同。更有甚者，只向参团者出具一张简单的手写收据，或仅靠部分传真上的简短描述来进行业务操作。由于旅游合同是保障消费者权益的最为有效的法律凭证，因此游客们在报团缴费时必须要求旅行社出具正式合同，并在合同中详细列出旅游行程与标准、双方违约责任、争议解决办法等主要条款。

谨慎选择　理性出游

在拥有了一定的陷阱辨别意识后，消费者又该如何具体选择适合自己参加的团队游线路呢？

首先，选择合适的出游时机。每年的旅游旺季，都是旅游投诉的高发期。由于旺季时各热门景区的资源供不应求，旅行社承诺的部分条款容易因此兑现不足。其次，旺季专职导游容易出现短缺，有关兼职导游甚至"黑导游"的旅游服务投诉也会在此时达到高峰。事实上，任何旅游产品的成本主要都由交通费、食宿费、景点门票、娱乐活动和导游服务构成。而其中，住宿费及交通费的成本会随季节发生波动，同线的旅游产品在淡旺季的差价基本能达到30%～40%。如果时间条件允许，消费者可避开旅游旺季，或在旅游旺季避开热门线路，如此不仅可以享受更好的服务，也能有效节省旅行支出。

其次，选择口碑良好的旅行社报名。由于旅游消费是一种甲乙双方信息不对称的交易行为，旅游者出发前，一般根本无法完全判断旅游产品的服务质量究竟如何。如果在不具备经营资格的旅行社报名，若出现服务质量问题，游客的权益将无法得到保障。因此，市民在选择旅行社时，需特别注意选择经营许可证、工商营业执照、税务登记证“三证齐全”且口碑良好的正规旅行社报名。这些信誉优良的旅行社一般都较为重视企业形象，会对自身产品质量进行较为严格的把关，服务质量通常比较有保证。此外，即使出现旅游质量问题，消费者的诉求也更容易得到妥善处理。

第三，选择优质的路线出行。除了极个别的特殊线路，市面上一般都会有多家旅行社在同一时段提供目的地一致的相似线路。消费者在确定旅游目的地后，可就拟将选择的近似路线进行综合比对。在实际操作过程中，首先应观察各路线用于实际游玩的时间与其他时间的比例，其次可就各路线包含的景点及提供的服务内容进行分析，然后再从自身的心理需求、消费水平、闲暇时间及身体状况作出适合的最终判断。

在完成上述简要陷阱描述及参团建议的基础上，接下来我们将进一步为您揭开那些隐藏在旅游市场中的行业秘密，助您在省却吃、住、行、购、娱等出游烦恼的同时，最大限度地减少可能遭遇的不愉快。

71 广告价格噱头居多

旅游业的恶性竞争导致许多旅行社包括一些大社在报价上做文章。我们在各类媒体上看到的诱人广告报价，很多时候并不是真正的出团价。被广告吸引的游客前往门店报名签约时，往往会被告知还有许多项目费用“不包括”在报价中。

案例

“广告上看到的价格都是噱头，等到真正要签合同的时候，花头经就样样都出来了。”提起全家不久前参加的某旅行社“美国东海岸10日全景之旅”的孙女士颇感无奈。

两个多月前，孙女士在某报刊上发现了某旅行社刊登的超值境外游广告。根据广告介绍，从上海出发的两条“美东”游线路正在限量特价，其中超值A线路报价为人民币13 999元，B线路报价为18 999元。由于正想和丈夫一起乘暑假带女儿到美国游玩，加之怕错过“超值限量”的机会，孙女士与丈夫商量后当即决定前往报名。

在旅行社，孙女士被热情地告知13 999元的A路线已经被抢购一空，B线路也仅剩最后4个优惠名额。孙女士在接待小姐“幸运”、“超值”等一番“花好稻好”的游说下立即拍板预订了3个B线名额。但当孙女士第二天与丈夫兴冲冲赶往旅行社签订合同时却被告知，除广告约定的18 999元外，每人还需额外缴纳900元签证服务费、200元燃油税及机场建设费、180元人身意外保险费、900元地接小费等总计约3 000余元的“补充款”，每人实际支付总价为21 999元。对此，接待小姐坚称是“行内惯例”，任何旅行社的报价均不含“补充”项目，路线总价相比其他旅行社仍然“超值”。最后，孙小姐的丈夫在工作人员的花言巧语下支付了所有旅行款。事后，夫妇俩从另一个同期赴美旅行的朋友处了解到，他们所参与的非特惠“美东12日游”普通团总价也仅为19 888元，本以为“抢到名额，占了便宜”的夫妇俩暗自后悔不已。

分析

以“特惠价”、“超值价”等较低广告报价吸引游客上门，可谓是旅行社广告的一个特点。事实上，旅游广告单上那些看似实惠诱人的报价往往只是包含最基本的交通、住宿费用的“裸价”，这种所谓的低价实际有着多种“不含”，如不含旅游局规定必须为消费者办理的人身意外保险费、不含机场接送费、不含用餐费用，等等。当游客前来报名签订合同时，接待人员就会以“飞机燃油税”、“机场建设费”、“护照签证工本费”等各种名义调价。此后再以“行规”、“当地惯例”为由对游客进行各种软磨硬泡，千方百计诱使游客下单。

而除了这种事后调价，某些特惠报价甚至根本只是旅行社放出的“诱饵”，等游客上门咨询时，这些低价团队永远“已经被预订一空”，而接待人员则会熟练地推销另几款行程类似、价格高于广告团的“次超值路线”，而这些路线往往也是“仅剩最后几个名额”。在工作人员有意识的诱导下，陷入“饥饿营销”圈套的游客往往很容易被打动，在没有货比三家的情况下匆忙下单。

点评

一般而言，旅行社的报价通常分为两种：一种是包括交通、食宿、门票等所有费用在内的全包价；另一种则是只包含一部分费用或在某段行程费用的“小包价”。一般很少会有旅行社在广告上注明报价种类，游客在难以分辨的情况下可先通过网络等途径了解相关路线均价，再致电咨询旅行社，明确参团剩余名额以及除广告报价外是否还需缴纳的其他费用，一来可以避免白跑，二来也能做到心里有底。

72 “零、负团费”=缩水自费

目前有些国内游、出国游的团费低廉得令人难以置信，常常引得消费者怦然心动。事实上，“零团费”、“负团费”这些价格明显低于成本的旅游项目往往隐藏着巨大的低价陷阱，其目的必然是以缩短游客正常行程、增加游客自费及购物项目以获取回佣。

案例

林先生偶然看到一则有关“丽江昆明感恩印象游”的广告，根据介绍，这次云南双飞5日游原价4 800元，春节后的无利感恩特价仅售880元。由于正好能再多休几天年假，林先生就预定了3个名额，准备和两个同事一起去云南玩玩。

到达昆明后，他们被重新安排，组成了一个由4个常州人、5个安徽人以及3个沈阳人组成的小团。第二天正式行程开始后，导游带领他们草草游览过石林景区，便将他们带至一个只有数间民间建筑的所谓“民族村”参观游览，同时收取了280元的门票。到了晚上，导游又以“免费夜游酒吧”为由带着全团乘客坐上小巴，最后却用“不看就把你们留在半路”威胁逼迫全团每人花费350元看了一场“草台班子”上演的云南歌舞。更让林先生想不到的是，从第三天起，导游变本加厉地开始强迫他们“购买特产”和到玉器店“赌石”。5天的行程结束后，林先生在螺旋藻、银器、茶叶以及精油这些“特产”及其他自费景点上前后支出共计超过25 000元。

至于为什么如此拼命消费？林先生坦言除了自己经不住当地人的软磨硬泡外，还担心受到人身安全的威胁。事后，林先生的太太在整理林先生买回的“特产”时算了一笔账，结果是所有商品的售价都比市场均价高了50%以上。而林先生提起这次旅游至今仍感到后怕：“赚就让他们赚吧，总算安全回来就好。”

分析

一般而言，在“零、负团费”的运行模式下，接团的旅行社只负责输送客源，其非但不按常理向地接社与地接导游支付任何接待费用，反而以对方支付的“人头费”作为弥补团费的利润。而地接社及导游的支出和利润则完全需要依靠游客参加自费项目和购物的返佣来获取。

在这样的运作压力下，地接方会变着花样缩水游客的正常游览行程，以此省下时间将消费者带往“有合作”且价格虚高的自费景点及购物点，诱迫游客在其中长时间游玩、观赏表演或购买各种昂贵的珠宝“特产”，从中收取回扣牟利。部分旅行社由于害怕同城出发的游客会形成合力抵制，甚至还会将来自不同地域的团队拆散重组，以此迫使消费者在势单力薄的情况下吃了“哑巴亏”。

点评

由于“零、负团费”对于整个旅游产业链的巨大危害，从2009年5月起，新版《旅行社条例》中已明确规定，旅行社不得以低于旅游成本的报价招徕旅游者，并有责任在合同中注明“安排的购物次数、停留时间及购物场所的名称和需要旅游者另行付费的游览项目及价格”。而消费者在注重通过合同保障自身权益外，也要跳出只求价格低、不顾旅行质量的误区，从多角度来衡量旅行社，千万不要因为贪图价格便宜而选择服务质量难以保障的旅行社及旅行路线。

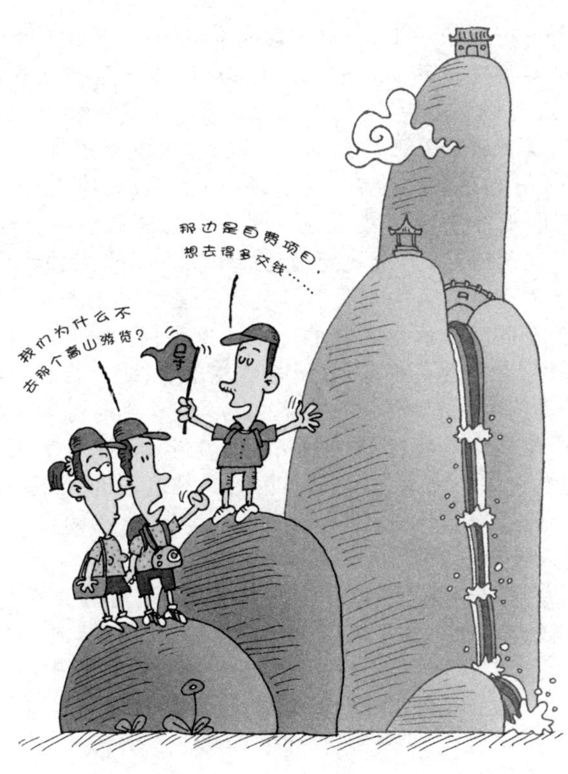

73 “品质团”未必真有“品质”

当旅游广告中充斥着各种“品质团”时，你可别完全当真。究竟是否称得上“品质团”，还应根据具体行程、住宿标准、餐饮标准来看，并结合旅游的总体舒适程度，然后才能给出最终的评判。

案例

国庆长假留给李先生的是深深的懊悔。原本一家人想要进行一段悠闲、舒适的旅途，可事实却是劳累不堪，甚至一天连续光顾6家购物店，被导游逼迫购物6 000多元。

“就因为想要好好放松一下，我们才会报名参加‘品质团’的，可没想到，住在偏远的旅馆，还被导游逼迫购物，完全没有品质！”李先生介绍说，他早前就计划着和家人利用国庆长假到云南旅行，在比较了很多旅行社行程后，最终报名参加了一个“品质团”，其承诺的是不强制购物、住三星级以上酒店。

9月30日，李先生一家从天津飞往昆明，一落地，当地旅行社就把他们和来自北京、山东、四川、辽宁的游客集合在一起用大巴送到住所。让他大跌眼镜的是，入住的并非三星级酒店，而是地处偏远的一家汽车零配件城内的旅馆。接下来的几个晚上，李先生和家人也都没有享受到三星级以上酒店的待遇，而都是在位置偏远、设施极差的招待所中入住的。更让他郁闷的是，10月4日，当地导游带领他们进入购物点，前后共6家，分别是螺旋藻店、翡翠店、精油店、银器店、茶叶店、鲜花店，足足花去一天时间。“我们到店里后，导游会逐一跟踪游客购物，如果你不买东西，他还会提醒你赶快购买。”李先生说，返回车上后，这名导游要求游客上交购物小票并公布每一个家庭的购物金额。38位游客中只有一个家庭没有购物，导游除了对其讽刺外，还声称这个家庭已经被列入云南旅游“黑名单”，禁止再次进入云南旅游。

在导游的压力下，李先生和爱人花费了6 000多元购买螺旋藻、茶叶、银器等。“什么不强制购物、什么三星级以上酒店住宿，什么‘品质团’，都是假的！”此行让李先生无比失望。

分析

“品质团”是近年来旅游市场出现的一个新名词，用以代表让游客专心游玩、吃住舒服的团队游。在行程相近的情况下，“品质团”的团费往往会比经济团高出一些，旅行社的解释是，“品质团”住得更好、吃得更好，也免去指定购物的行程。

但实际上，在旅游业界“品质”一词很难有个统一的标准。当看到越来越多消费者被“品质团”吸引时，一些不良旅行社也打出这一口号来欺骗消费者。尽管收取了更高的团费，但提供的服务与经济团并无差异，甚至吃住不达标、仍然安排大量购物，浪费游客时间、金钱。旅行社的工作人员告诉笔者，李先生的遭遇是因为旅行社为了节省成本，将散客卖给了云南当地旅行社，不论游客在所在城市报名缴费多少，均按极普通的散客标准组团，根本不给相应品质团的待遇。合同书内容极其含糊，空有品质口号，并无品质之实。

点评

“品质团”是个很含糊的概念，怎样算有“品质”、怎样不算有“品质”并无标准，大家在比较时，不应只看重这几个字，而应注重具体的旅游行程。

在签订旅游合同时，消费者应该将每天具体的行程、游览哪些景点、游览时间有多长、是否包含购物场所、是否包含自费项目、住宿标准等与切身利益有关的事情一一弄清，白纸黑字反映在合同中，不然，就算遇到了李先生这样的情况，若无法证明其实际行程与合同有出入，也难以维护权益，很可能投诉无门。

74 包机不等于直飞

"包机飞往目的地"实则并不等于一般游客理解中的"专机直飞目的地"。某些所谓的"包机"其实只是从起点飞往中转机场,再通过机场换乘其他交通工具前往旅游目的地。有的包机航班甚至还是"红眼"航班,既周折又奔波,完全不能达到旅游休闲的目的。

案例

周小姐是个地道的浮潜迷。不久前她和自己的几个闺蜜一起随团前往苏梅岛,参加海岛浮潜之旅。考虑到其中一个好友身体较弱,不适于太过劳累,周小姐因此特地选择了行程表上注明"豪华包机飞往目的地"的"苏梅豪华团"。

但当苏小姐在出发当日拿到旅行社的"包机"票后,她却惊讶地发现航班的目的地并非她心中以为的"苏梅岛国际机场",而是泰国万伦(素叻他尼)机场。登机后,苏小姐一行又得知机上除了两个"苏梅团"外,竟然还有一个该旅行社组织的"普吉团",而"普吉团"的团友同样也是拿到机票后才知道他们的降落地不是"普吉岛国际机场"。最终,苏小姐和团友们在"包机"抵达万伦机场后,又经历了超过4小时的车船颠簸才到达苏梅岛,而此时,全团的游客都已经非常疲惫。

等到回程,所谓的"包机"也同样是一番车船折腾。回程的航班上,苏小姐又与原来的"普吉团"不期而遇。交流下来,她们得知"普吉团"是从目的地乘坐了近5小时大巴才赶到起飞机场。苏小姐只能感叹:"这样的包机,完全与我们当时参团的初衷背道而驰。如此豪华,真是苦不堪言。"

分析

如今许多旅行社推出的豪华团都打着"豪华包机"的旗号,但在行程表及合同中往往只大略地标注航空公司或飞机型号,回避具体的到达机场及起飞时间。如果消费者单纯地将"包机"这一表述从字面上理解为"单架飞机将单团乘客从出发城市直航飞往旅行目的地",那么,就有可能犯下"自以为是"的错误。

事实上,由于交通成本在整个发团成本中占有较高的比重,部分旅行社往往会出于成本考虑而将"包机"的飞行目的地定为一个临近的中转机场,然后再安排同社几个团的游客从机场换成汽车或其他交通工具前往各自真正的旅游目的地。虽然减少了开支，却变相降低了旅行的舒适度及游玩时间。

此外，还有部分“包机”被旅行社专门设计成了“红眼”航班，原因是折价的机车船票通常都在早上或晚上。但这也造成了游客在出完团回来后为出团天数不足而抱怨。因为如果出发时间被定在晚上，到达的时间又是清晨，扣除头尾两天，一个名义上的5日游在这番“晚出早归”的安排下，真正有效的游玩时间便仅仅只剩下3天。

点评

交通的舒适度决定着出游舒适度，尤其是出境游或长线旅游，航班时刻的早晚、中转联程也在一定程度上直接影响着旅行质量及团队报价。因此，游客应就航班号、起降机场、航行时间以及飞机型号等细节对“包机”进行具体了解。

在航班起降时间的选择上，消费者一般应尽量避免选择乘坐“红眼”航班。此外，如选择“过早”(起飞时间早于7:00)或“过晚”(抵达目的地超过23:00)航班也可能带来额外支出，因为在这样的航班安排下，当出游者前往机场或从机场返回时，机场大巴、地铁等公共交通基本还未开始营运或已经收班，消费者往往只能选择“打的”。一般来说，最适合旅游的航班应该是“上午出发，傍晚到达”，这样的安排既能保证充足的旅游时间，又不至于太过劳累。

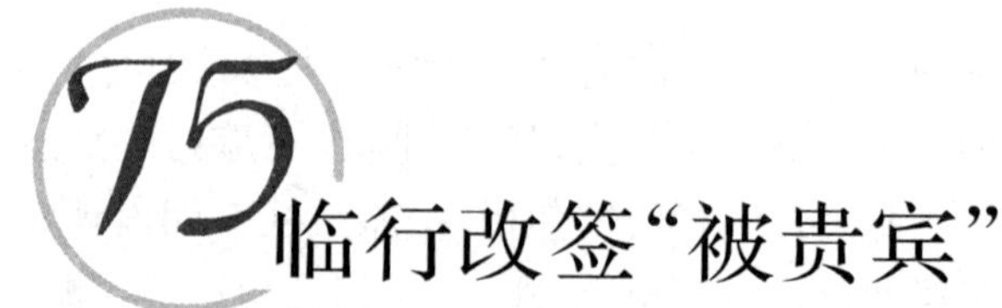

75 临行改签“被贵宾”

某些旅行社先以低价与游客签订旅行合同，等到游客完成请假等各项准备工作且来不及更换其他旅行社的“出发倒计时”阶段，再告诉游客组不成团，诱迫游客改签价格昂贵的“升级贵宾路线”。

案例

刘小姐在一家公关公司工作，平日工作繁忙，需要经常出差。3月的一天，刚结束一个项目推广的她无意间在公司附近的某家小型旅行社看到一则广告，是关于“香港海洋公园＋香港迪士尼欢乐游”的特价消息。接待人员告诉刘小姐，由于3月份中国香港地区正处于旅游淡季，因此机票和酒店的优惠很大，社内现在主推的4日游报团价仅需1 780元，还包含一日在迪士尼乐园园内酒店的住宿。由于觉得该产品的性价比较高，刘小姐当即决定带儿子赴香港享受一番难得的亲子时光。

然而，就在出发的倒数第二天的晚上9点，刘小姐却接到旅行社由于人数不够不能成团的通知。已经处理好公司事务及自己与儿子的大小行李准备的刘小姐被告知其有两个选择，要么是补780元的差价参加与之原报名团行程相似，但硬件更为舒适的“贵宾团”，要么就是拿退款。由于再找其他同期出发的旅行社时间太紧，加之儿子对迪士尼乐园的园内住宿满心期待，刘小姐只能被迫选择“升级”，补交差价。

事后再回忆起这次“贵宾游”，刘小姐觉得自己很有可能是上了这家小旅行社的当：“其实升级后的所谓VIP线路和之前我报名的普通路线根本就没有差别，就是价格贵了！”

分析

据记者了解，刘小姐的遭遇看似“突发”，但在业内却不算个案。先以低价吸引消费者签订旅行合同，等到游客报上名、请过假、完成各项准备工作且来不及更换其他旅行社的“出发倒计时”阶段，再告诉游客组不成团，诱迫游客改签价格昂贵的“升级贵宾路线”，这已经成为了部分不良旅行社的惯用伎俩。

这些旅行社往往会在与消费者首次签订的合同中加入“此团为特价团，如人数不够无法成团，我社将提前告知并提前通知客人改线、改团，不作其他赔偿”的约定条款。由于这个表述乍看之下似乎还算合理，消费者往往也不会深究。但如果仔细推敲，我们不难发现这些条款完全没有在具体成团人数、何时提前告知等重要问题上作出承诺。事实上，无论报名人数有多少，这些所谓“特价团”都不会顺利成行。旅行社会在临出发的最后一两天通知游客不能成团，推荐他们改签行程相似的“升级线路”。由于消费者在此时基本已经做好了各项出游准备，又不具备慢慢挑选或改签其他旅行社的时间，大部分游客往往只能勉强接受“升级”。

当然，部分因“人数不足”或“不可抗力”等因素造成的临行不能成团也可能是旅行社真实情况的无奈之举。消费者在淡季出行及选择冷门线路出游时也需要做好一定的心理准备，如有可能，最好再制订一套预备方案。

点评

无论在何种情况下，临行不能成团总是件让人愉快不起来的烦心事。若想尽可能地降低扫兴风险，市民在出游时应尽量选择信誉良好的正规旅行社。相比鱼龙混杂的小社、黑社，正规旅行社一般都注重企业形象，不会有预谋地策划“升级”陷阱，客源和服务也更有保证，临行不能成团的概率较低。

此外，消费者也应与旅行社就不能成团的可能性在合同中事先约定，包括应提前通知的具体天数及相关违约责任的索赔标准，为自己在时间的安排上赢得更多的主动性。

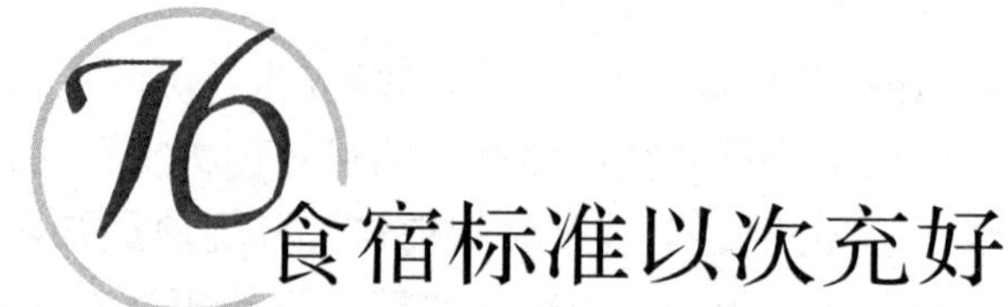

76 食宿标准以次充好

"全程入住准五星级酒店"、"指定标准酒店"以及"每餐十菜一汤附点心"这样的表述在旅游行程单上可谓屡见不鲜，而如此"高标"常常会给人一种食宿条件优越的错觉。但事实上，这是部分不良商家摸准了普通游客对于旅游行业标准规范并不熟悉的特点，以模糊的表述忽悠消费者。

案例

2012年"双节"的8日长假让许多忙碌的都市人愉快地度过了一个悠长的小假期。然而，刚和父母结束某旅行社"海南六日阳光游"回到上海的杜先生却一点都"阳光"不起来。

杜先生告诉笔者，由于10月3日恰逢父亲的生日，他便想利用假期以陪父母旅行的方式尽尽孝心。考虑到父母年纪较大不宜劳累，杜先生最终选择了某旅行社标榜"全程指定星级海景房"的海南休闲游项目。而杜先生在众多旅行团中选择这条路线的原因就是想让父母在五星级的高档海景房中体验一番海边休闲度假的乐趣。

然而，当杜先生与父母兴冲冲到达所谓旅行社的"指定海景房"时却彻底"懵"了，因为眼前的景色非但不是他们预想中"面朝大海、春暖花开"的惬意场景，而是屋内设施非常陈旧，完全没有一点星级酒店的"范"。而就餐时，十人一桌的"大锅饭"别说完全没有海南海鲜特产的影子，连肉末也只有零星几点，吃不饱更谈不上什么美味了。很多参团的青壮年都是靠着自带食物和餐后的馒头充饥。但当杜先生与团友们因此向导游交涉时，对方却十分熟练地推脱说盘子的数量完全是按照合同"十菜一汤"的数量标准，至于"海景房"，只要杜先生"把头伸出窗外从斜角远眺还是能从前楼的夹缝中看见一点海水的"。面对这样的解释，杜先生只觉哭笑不得。

分析

酒店餐饮费用在整个旅行开支中的占比十分可观，也是旅行社利润来源的一个重要方面。行程单上看似高级的食宿标准实际上往往存在以次充好、质价不符的情况。

最常见的就是一个“准”字。所谓的“准五星”,按行话解释起来就是参照五星级酒店设计装修,但还没有评到五星级的酒店。旅行社打着这类“高级酒店”的“自封旗号”向游客收取等同于五星级酒店的房款,但游客得到的软硬件享受却远远及不上正规高星级酒店提供的服务。以海南为例,部分“准高级酒店”一般会在大堂故意挂出近千元的标间牌价,而旅行社向客人收取的“优惠团队房价”往往在600～700元/标间,光以此评判,游客貌似得了实惠。但事实上,旅行社实际支付给酒店的房费一般仅在100～150元/标间。合同中的“准”、“指定酒店”、“标准酒店”、“等同于某星级酒店”的说法都可能暗藏着旅行社偷梁换柱以赚取差价的心思。

点评

虽说旅游合同上一般会注明包何种食宿,标准如何,但其描述一般都较为模糊简单,往往是看起来非常舒适,而实际标准却不尽如人意。消费者在报名前应与旅行社先谈好食宿的具体细节,不仅要明确写清就餐的次数、用餐荤素标准,还要相互约定,在餐饮质量不好的情况下,消费者有权当即终止旅行社或导游的餐饮安排,要求按标准退还餐费,自行解决就餐。

住宿方面,游客也要督促旅行社在合同中写清楚安排的是普通房、标准房还是星级房,星级房是几星级,有否挂牌。游客自身也可通过观察酒店的星级标牌或通过网络查询等方式确定自己入住的酒店等级。

11 景点门票虚高虚多

收取的部分景点门票高于真实票价，只包“第一门票”增加消费者自费景点，以团体优惠价购入景区套票后按单个景点报价赚取差价，有的旅行社甚至连免费景点的“买路钱”也同样照收不误。

案例

深圳的老赵夫妇前不久跟随当地某旅行社前往法国、瑞士、意大利三国进行为期10日的境外旅行，虽说原本就做好出国消费较高的准备，但导游变着法子在景点、门票上的各种高频暴利收费，着实让老两口心疼了好一阵子。

原来，在老赵夫妇参加的欧洲游项目中，旅行社在法国段只负责提供巴黎卢浮宫及蒙柏纳斯大厦登高观光的门票，其余活动及门票均不在旅行社负责的范围之内。在到达巴黎当日，导游带着全团在卢浮宫迅速“过场”后便热情地将他们带往巴黎圣母院参观，并向每人收取了10欧元门票。第二天，夫妇俩又马不停蹄地被安排参加游览凡尔赛宫及塞纳河游船的自费项目。等到晚餐后团员们聚在一起闲聊时，两位害怕晕船而没有参加游船项目的团友提起他们在等候闲逛时发现售票处的游船票价是11欧元，团队票为7欧元。老赵夫妇当时心里一惊，因为当日下午他们向导游支付的游船费用是35欧元/人。

老赵夫妇和团友们为此专门通过网络查询了团队游玩项目的真实票价，结果令他们大吃一惊：凡尔赛宫门票不到20欧元，导游却收取了65欧元；贡多拉游船活动他们每人支付了35欧元，但如果和船夫砍价，20欧元就绰绰有余。更令人气愤的是，巴黎圣母院其实是免费景点，只有登上钟楼观光才需8欧元门票。但无奈当时已是团里的最后一日游览，在与导游交涉无果后，老赵夫妇只能感慨自己上当了：“一次旅游下来我们在门票上就至少花了3 000元以上的冤枉钱，全团35人就是十几万元人民币，而这笔为数不小的钱都已经流进了旅行社和导游的腰包里，要想追讨谈何容易？”

分析

由于许多参团游客都是第一次前往旅行社安排的收费景点或景区游览，对旅游区路线及票价大多不熟悉，一般都是任由导游“包办”。加之身处国外，语言以及安全感上的担忧更会让游客们越发不敢离开领队，而这些信息上的缺失以及依赖心理都给了旅行社套牢游客行动、在景点参观费用上“无中生有”或“全线提价”的机会。

除了案例中老赵夫妇遭遇的“变价”门票猫腻，游客们还经常会在旅行单上看到“包含首道门票”、“包含第一景点”的表述。这样的安排看似给了游客自由选择的空间，但由于旅行社在这些景区往往会安排很多游览时间，进了大景区，如果不自费游玩“小景点”就等于是“干等着看大街”，游客们往往总会或多或少地游览几个“小景点”，而旅行社便能从这部分费用中获得一定的佣金收益。

点评

消费者在参团出游前，一定要与旅行社就行程表及合同仔细敲定行程中的具体安排以及各个景点的停留时间和具体价格，从而防止旅行社通过门票猫腻变相提价。在参与自己不熟悉的境外游项目时，消费者可事先通过网络了解当地主要景点的大致票价，如遇导游报价与真实价格相差过大时，可要求自行购票游览。

此外，当旅行中导游在原规定的行程之外临时增加节目时，消费者首先要确定自己是否对此感兴趣，然后要问明此项安排是否要另付费用，最后还要了解清楚新的安排会不会影响下一个景点的参观。只要消费者觉得临时增加项目有任何不妥，就应果断地拒绝安排。

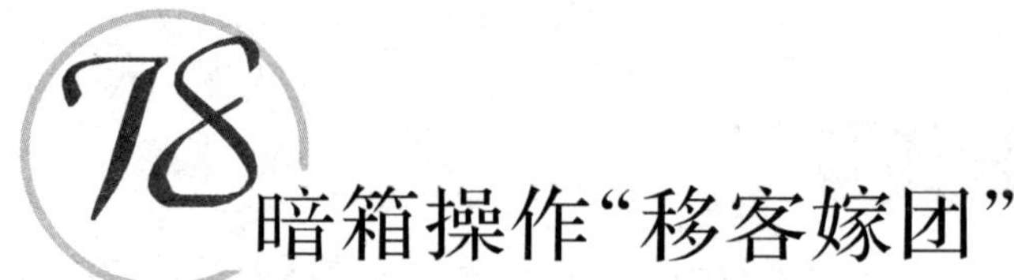

78 暗箱操作"移客嫁团"

部分旅行社因利益驱动或自身资质等原因，在消费者不知情的情况下，将在社内报名的消费者"转卖"给其他旅行社，由他人负责带团，往往导致旅行质量下降、合同履行不到位。

案例

裘先生是一位高级工程师，2012 年 5 月，刚从北京某国企退休的他和同样退休清闲下来的老伴在朋友的建议下参加了某旅行社组织的"九寨沟五日快乐之旅"。在老两口到达九寨沟时，地接社把其他两个旅行团共计 15 名游客并入了与老两口一起从北京出发的 12 人中。刚开始裘先生也没有在意，但在之后的行程中，意想之外的状况却频频发生。

由于合团后人数的增加，原本专门接送裘先生一行的中巴座位不够，但导游却完全没有调派新车的意思，只是随意拿出几个简易塑料板凳，让无座的几名游客坐在过道中央。等到了饭店，原本合同上注明的 8 人/桌标准也硬是被导游塞成了 12 人/桌。更令老两口气愤的是，在九寨沟县城，导游在安排一半客人进入酒店住宿后，竟以"标间客满"为由，将老裘夫妇等另外 13 名游客带至一家简陋的家庭式招待所入住，且未做出任何表示歉意或补偿。正是由于类似协调和分配上的不平均，此后的行程中，来自三个团的这些游客在酒店争先领取房卡，在旅游车上推搡挤占座位，怪事不断发生。

当无力参与"资源争夺战"的裘老先生拿出旅行合同上的约定标准向领队讨要说法时，对方竟称自己与夫妇俩签订合同的旅行社毫无关系，"你们的这份合同不关我的事"。裘先生方才知道自己和太太从一开始就被当初报名的某北京旅行社"卖"给了重庆的其他旅行社，而自己的"快乐之旅"也因此无端成为了一场没有保障的"磨难之旅"。

分析

案例中裘先生在旅行中遭遇的此番无端被"卖"，在业内被称为"卖猪仔"。

其成因主要是由于某些小型旅行社长期向游客兜售超过组织能力范围的长途旅行产品，因为这些小社自身资金、实力根本不足以开拓或完成这些路线，其真正目的往往是以花言巧语招收到客人后转卖给其他旅行社。这就使得游客明明是在1号旅行社报的名，等到出游时却发现自己摇身变成了2号旅行社的客人，而团内还有来自3号旅行社、4号旅行社，甚至5、6、7号旅行社的游客。由于不同旅行社出具的旅行合同与旅行报价各不相同，消费者当初与1号旅行社签订的合同在“集团军”中便很难得到有效保障。

而除了自身能力不足的情况外，有些旅行社在旅游淡季遭遇冷门线路报名人数不足时，也会暗中将已经报名的客人转到其他合作旅行社的类似线路中进行“拼团”，而毫不知情的消费者同样也会因此成为“被卖了后才知道”或者“被卖了也不知道”的“猪仔”，遭受权益侵害。

点评

无论在什么情况下，遭遇无端“被卖”总是一件令人愉快不起来的事。为避免这种情况的发生，消费者在与旅行社签订旅游合同前，一定要向报名的旅行社问明情况，打听清楚自己参与的产品是否涉及拼团合作。如果不是拼团，应要求旅行社在合同中注明“旅行社不得单方面转、合并旅游团队”的说明条款。

此外，如消费者是在知情的状态下愿意参加旅行社安排的合法拼团，则应问清接待社的名称及联络方式，同时要求旅行社出具有关旅行质量的书面保证并保管好自己的旅游合同，以便在遇到侵权时，为维权投诉提供依据。

79 虚假赠送误导游客

看到旅游广告中的“赠送”二字不免让人心动，但事实上这不过是宣传噱头而已，游客不可能从中捞到便宜，反倒有可能付出更大的代价。所以消费者对此还要多留个心眼儿，不要被所谓的赠送误导了。

案例

前不久，张先生想去宁夏旅游，对比旅游产品广告，发现同样的旅游路线价格都差不多，唯独某旅行社“慷慨”地赠送了一个游览项目Z景区。“花同样的钱多玩一个地儿，就它了！”张先生毫不犹豫地为自己和家人报了名。按照行程，他第一站是参观游览赠送的Z景区，第二站是到S景区体验滑沙和沙滩摩托。

就这样，张先生开始了为期五天的宁夏之行。不过让他没有想到的是，在实际行程中，旅行社将两个景区的游览项目移花接木，反而让他成本上升。

“我们第一天就在Z景区提前体验了滑沙和沙滩摩托，而且每个人必须自费80元的沙漠冲浪车才可以到达所谓‘免费’的体验区。”张先生说，由于第一天已经体验了滑沙和沙滩摩托，所以第二天到达S景区后，他们就只好放弃了这两个重复的项目，再次自掏腰包改玩羊皮筏子和黄河飞索这两个自费项目。“羊皮筏子是每人80元，黄河飞索也是每人80元，加上第一天的沙漠冲浪车，等于每人多付了240元。”张先生颇为后悔，他觉得，这与先前广告上打出的“赠送”完全是两码事。本以为占到了便宜，却不想更加不划算。

分析

“赠送”的确是个不错的噱头，在价格相差无几、行程看似相仿的旅行社广告中，打出“赠送”标语的确有助于吸引游客上门。不过对游客来说，只冲着“赠送”二字就报名参团，未必能尝到“甜头”。

放眼旅游广告，所谓“送”的，其实很可能是本来就免费的，或者原本就应当包含在行程内，只是换了一种表达方式而已。比如“游山东送养马岛”——养马岛本身就不收门票；“游九寨沟送高原藏餐一次”——其实旅游餐中有一顿饭是在高原吃的；“游古巴送俄罗斯一日游”——是因为飞机要到莫斯科转机，那里出关容易，而且游览景点红场是免费的。甚至还有一些旅行社赠送的景点实为购物场所，游客不仅无法得到良好的游览体验，而且还要花费更多。

据旅行社有关工作人员介绍，旅行社“送”的一些赠品很多本身就属于应该提供的服务项目。比如“送三餐”就是旅游含餐换了一种表述方式而已；“送”某某观光可能就是沿途本来就会经过的景点，让游客在车上看看。而这一手法显然是有效果的，相比干巴巴的线路介绍来说，消费者更容易被吸引。正因为这样，“赠送”之风也早就在业内传播开来了。

点评

在了解了旅行社所谓“赠送”的新伎俩后，游客在报名参团时可要多留个心眼，别被这些小恩小惠迷乱了双眼。

游客在选择报名前，应对同类线路多做对比，对旅行社提出“赠送”的景点进行查询，探探其中虚实。若虚多实少，则没必要将其纳入比较之列。在旅游过程中，如果遇到导游以“赠送”为名误导、欺骗、胁迫游客参加额外活动的情况，应妥善保管好各种证据，在完成行程后向旅游合同签订地或者被投诉人所在地县级以上旅游投诉处理机构投诉。

80 格式合同暗藏各类陷阱

旅行合同本是保证旅行社与消费者双方权益的平等协议,但部分旅行社却利用合同中的部分条款限制旅游者的权利,增加消费者的责任,同时将自己的义务“模糊化”,以此来规避日后可能产生的责任,逃避风险。

案例

2012 夏天,谢先生和单位的两名同事随团从上海前往青岛避暑游玩。参团时,接待人员就谢先生提出的景点、住宿、购物等问题作出了一系列近乎完美的承诺并主动与谢先生签订了旅游合同。

由于旅行社方面的态度积极,谢先生对此次青岛之行也充满了期待。但在实际的游览过程中,谢先生却遇到了一系列不愉快。首先是因为旅游巴士在景区抛锚,导游不顾游客换车的要求直接取消了当天下午的全部既定行程。其次,由于谢先生是三人出行,原本旅行社在出发前口头承诺的“会安排其他男性游客与谢先生同住”也完全没有得到履行,谢先生为此增加了 5 晚超过 700 元的房款开支。更让他们感到愤怒的是,在一次出海的项目中,谢先生同事放在导游指定地点的摄影包因船体渗水而被泡,包内总值约 2 万多元的数码单反设备因此无法开机,但领队却声称自己没有保管义务,拒绝进行赔偿。

回沪后,谢先生一行前往报名的旅行社讨要说法,但旅行社方面却以旅行合同中“如遇旅行社不可控制因素(如塌方、塞车、天气、航班延误、车辆故障等原因)造成行程延误或不能完成景点游览,旅行社不承担责任”,“报名出现自然单间(单男或单女)需补交房差价”两项条款以及“合同中没有财物赔偿约定,相机损坏与旅行社没有直接关系”为由“理直气壮”地拒绝给予任何补偿。

分析

旅行合同本是保证旅行社与消费者双方权益的平等协议,但由于游客与旅行社订立的旅游合同都是由旅行社预先设计策划好的格式合同,普通消费者便很难就合同里的具体条款与旅行社进行平等协商。

一般而言，在旅行社主导的格式合同中都会或多或少地出现以下三大类利于其逃避责任的“陷阱”。首先是合同用语不规范，部分旅行社在制订合同时大量使用“若干”、“部分”或“仅供参考”等模糊概念。第二是服务安排不具体，比如有些旅行社合同中写明“舒适大巴”，但却不标注大巴型号、座位数以及有无空调等具体标准。三是权利义务不对等，在合同中加入“有疑问需在当地当时提出，如回团后再行投诉，我社概不负责”，“不参加自费项目的客人需要在景区外等候其他人，不得擅自离队活动”等霸王条款。

对于游客而言，抵御合同陷阱的最好手段就是首先确认旅行社出具的合同是否完整，包括日程、观光娱乐、交通工具及食宿标准、游客取消行程补偿标准、旅行社取消行程计划补偿标准、自费景点的数量和购物的次数、预付金额、导游服务、保险金额、应缴纳旅游费总额、争议解决办法等重要条款；其次是在此基础上进一步要求旅行社进行“格式”外的细化，加入具体的各项标准描述，从而保障自身权益。

点评

鉴于旅行合同中可能暗藏陷阱，消费者在参团时应加强防范合同风险的意识。在拿到合同后切忌急于签字，一定要仔细阅读各项条款，在发现对自己不利或模棱两可的语句时一定要向旅行社提出修改意见。此外，对于旅行社给予的口头承诺等格式合同条款中未明确的内容，游客也应要求旅行社通过补充条款的方式在合同中予以注明，且在必要时要同时注明违约责任，以保证在出现问题后能够顺利得到赔偿。

拍卖行不会告诉你的10个秘密

经鉴定，我在这里买的这个花瓶不是宋代的……
Sorry！我们只管拍，不保真……
拍

处在高速发展中的国内拍卖业，因其本身特有的诸多风险和内幕交易，使得参与者往往会觉得这个行业“水太深”。找出那些拍卖行里不会告诉你的秘密，正视并认清它们，才能帮你更好地玩转拍卖。

说起拍卖行，许多人马上会联想到富丽堂皇、座无虚席的会场。一件件流光溢彩、价值连城的艺术品轮番上阵，台上拍卖师手握一把小小的拍卖槌，台下无数竞拍者纷纷举牌出价，一派热闹的大场面。于是，拍卖行这个词对老百姓而言往往带着不少神秘感。

而随着近年来国内外艺术品市场的不断发展和繁荣，艺术品拍卖已经被越来越多的人所知晓和关注。只要是手握一些资金、想要投身艺术品投资及收藏领域的人，往往都会很快接触到拍卖行。另外，拍卖行的业务也在不断地拓宽和完善，包括一些二手车、不动产、土地等委托拍卖及交易，拍卖行在市场中也实可谓是起到了重要的平台作用。

不过，拍卖行业（特别是艺术品拍卖）的飞速发展也使得行业内产生了这样那样的乱象和弊病。相比国外数百年的拍卖业发展历程，国内的拍卖业正处在大小拍卖行林立、拍卖规模不断扩大、相关法律及行规亟待完善的重要时期。而就在这样的背景下，不断进入市场的新投资者总是会有拍卖行“水很深”的印象，各式各样的规章制度，动辄成百上千万元的成交价格却不由拍卖行负责其拍品的真伪，着实让人感到举步维艰。

那么，拍卖行究竟有哪些秘密不会让我们轻易知晓？我们又该如何去应对呢？

艺术品真假难辨

艺术品拍卖是拍卖行业的“大头”，拍品本身价值较高、成交额巨大是艺术品拍卖的主要特点。然而，正因为涉及了艺术品的买卖，导致艺术市场的各种乱象、不确定性、高风险及赝品泛滥问题都直接影响到了拍卖行，而将拍卖行这一理应坚持公平、公正、公开原则的平台顶到了风口浪尖。

比较著名的案例就有“汉代玉凳”假拍事件，高达2.2亿元天价的“最贵玉器”很快遭到多方质疑，最终被确定为高仿品。而除此之外，拍场台前幕后的暗中操作和知假拍假、虚假成交等等问题都层出不穷，许多看似可靠的成交记录实则都充满了水分。

更可怕的是，由于艺术品领域许多所谓的专家学者都“昧着良心”说话，甚至于一些艺术品的作者本人、作者亲属作出的鉴定有时都难以让人信服，这使得艺术品拍卖市场的真伪问题空前严重。同时，靠着相关法规所涉及的“不保真”条例，拍卖行对于自己所经手并拍出的拍品几乎不用承担任何责任及风险，这无疑加剧了买家对拍卖行的不信任感。

大小拍卖行参差不齐

就是在这样鉴定及诚信缺失、政策及行规不够完善的现状下，迅速活跃的市场滋长了更多的不正之风，不少小拍卖行甚至完全不顾自身及行业的形象，全是一派“三年不开张，开张吃三年”的做法。

除了骗取大量图录费的“捞一笔是一笔”的做法之外，拍卖行与收藏者签订的拍卖合同有时候也千奇百怪，充满霸王条款。极高的流拍率、实际没成交却说拍了天价、卖家自卖自拍等等各种炒作、套利、忽悠人的现象层出不穷。更为让人吃惊的是，还有些小拍卖行专门做“知假拍假”的买卖，往往就是“骗到一个赚一个”。

更有甚者，拍卖行还有通过在拍场当中安排专门负责抬价的“托”、与各种利益集团幕后交易和暗箱操作等等行为，都让整个拍卖行给人一种乱象丛生的印象。而无法否认的是，大大小小的拍卖行在诚信度、专业性和服务质量方面都存在着参差不齐的现象，不少参与者因为对拍卖行业认识不足，从而上当受骗、蒙受损失。

各项体系待完善

另外，除了利用各种现有漏洞进行的恶意欺骗、违规操作等行为之外，拍卖行业整体发展及体系建设过程中也尚有不少需要完善的地方。

不单单是艺术品拍卖，整体拍卖业务在前后流程、善后处理、业务拓展上都存有诸多问题，包括私人洽购、第三方担保、拍品的安保及仓储、保险理赔等等多方面问题都需要一一解决，客观上也造成了参与者“丈二和尚摸不着头脑”的情况出现，严重的就会损害相关各方利益，产生不必要的损失。

而从参与者的角度来说，等待行业风气转变、相关制度完善自然是需要的。但进一步的，则更应该积极面对这些行业内的“秘密”，通过不断了解和认识弄清其中的玄机所在，以达到规避相应风险、玩转拍卖的目的。而随着未来拍卖行大整合趋势的推进和对国外拍卖行成功经验的借鉴，如今的一些“秘密”很快也就不再是秘密了。

如何让拍卖更安全

面对一个接一个的拍卖秘密，也许初入拍卖行的投资者仍会觉得无所适从。其实，无论哪个行业都会有一定的“秘密”，从这一点上来讲，拍卖行既不特殊，也不例外。就如我们常说艺术品市场的“水很深”一样，拍卖行的秘密也只需找对门道、找准方向，那么秘密也就不再是秘密了。

首先，投资者应充分认识到拍卖行终究只不过是一个中间人、是为了买卖双方便利交易而搭建的一个公开平台，虽然拍卖行会向买卖双方均收取一定比例的佣金，并提供相应的服务，但交易的主导权仍然应该掌握在投资者自己的手中。换言之，整个交易从开始到结束，投资者自身也要承担主要的责任，既不应该将风险都转嫁给作为第三方的拍卖行，也不能过分相信和盲从拍卖行的意见和建议。因而，不管投资者通过拍卖行买或者卖什么样的拍品，投资者本身都应该对其实际的价值、合理的价格区间有较为清晰明确的认识，对于市场上普遍的价格和需求度也要有所了解。有了这样的眼光基础，那么投资者在面对诸如拍品价格虚高、拍品真伪难辨、拍场“托儿”哄抬价格等情况时，往往就能有效规避可能出现的问题及风险了。

进一步来看，不少资深的拍卖业人士都指出，行业内的许多乱象往往都来源于一些中小拍卖行。从接下来的 10 个案例中我们也不难发现，国内外知名的拍卖行通常都会顾及自身在行业内的名声和信誉问题，因而会更多地从投资者的利益角度出发考虑问题，避免恶意的行为和过多的纠纷。相反，一些从一开始就打定主意要钻空子，通过各种手段违规操作以求短期利益的拍卖行则会一切以利益为优先。如果总是与这样的拍卖行周旋，那么投资者就算知晓了再多的“秘密”，有时候仍会吃亏上当。

另外，投资者在参与拍卖行为的全过程中，也要多多留心相应的细节问题。如类似保险、仓储、运输这类尚未完善或尚未有明确政策法规规定的服务，以及一些经常容易出现问题的拍卖行为，都应该自己多加注意，通过事先约定、合同条款等方式避免可能出现的损失或纠纷。至于那些新兴的拓展业务、拍卖模式，在没有特别了解清楚之前，投资者也要谨慎对待。如果感觉无法把握其中的风险，那还是先敬而远之为好。

81 高价成交有水分

如今拍卖市场经常能爆出一些天价拍品，这些拍品真的那么价值连城吗？这背后是否有什么水分和猫腻呢？其实，不少高价成交的拍品并不可信，其价格也有着“人为造市”之嫌。

案例

郭先生是一名初入门的书画投资爱好者。因为资金有限，郭先生想着要先选择一些价位不算太高、又具有一定投资潜力的画家作品来进行初期投资。经过一番了解，郭先生挑选了某位近几年成交价格都在逐步走高、隐隐有不小上升势头的画家作品，感觉自己找到了一只“潜力股”。于是，在之后的一场该画家作品的小型专场拍卖会上，郭先生一口气买了七八幅该画家的“代表作”。

然而，随着艺术品拍卖市场的几次遇冷，一段时间下来，郭先生所看中的这位画家的作品几乎都没有什么起色，不但成交价不高，成交量也在大幅下滑，自己手上的画作眼看就要“砸”在手里了。这让郭先生颇有些不知所措，而一位懂行的朋友也告诉他，这一类的拍卖价格看似很不错，但有不少炒作的水分在其中。

分析

当年“天价玉凳”的新闻之所以引起轩然大波，一是因为它的成交价极高，二是这个凳子的造假水平太低，造假者居然毫无历史常识。但在拍卖领域，更多的时候，拍品真伪并没有那么容易可以根据常识被一眼鉴别出来。由于牵涉到深厚的历史文化积淀，拍卖会上的那些名贵的古董字画往往很难准确估值。

很多时候，市场的供求关系或者说拍品的知名度和受追捧程度对拍品的市场定价有重大影响，因此有些拍卖委托方为了给自己手上的藏品(甚至是赝品)积攒足够的市场人气，会在拍卖会开始前私下寻找一个竞买方(很多时候竞买方就是委托方自己)，最后委托方、竞买方找到拍卖方后，三方协商出一个成交价和佣金。这样一来，在经过多次拍卖后，拍品价格会越来越高，其知名度也会越来越大。当拍品的市场估值已经虚高到委托方满意的价位后，再真正出手，大赚一票，而拍卖公司每次组织竞拍都能抽取固定佣金，还能提高公司知名度，于是双方心照不宣，各得其利。曾有一位不愿意透露姓名的业内人士对笔者表示："不能说每家都有吧，但至少90%以上的拍卖公司都参与过类似的把戏。"

点评

如今，各种大小、新老拍卖公司为了争抢拍卖资源，违规违法操作现象非常普遍，一定程度上扰乱了市场秩序，这不仅严重损害了真正竞拍者的合法权益，也损害了整个拍卖行业的声誉和利益，不利于拍卖行业的长远发展。因此建议相关职能部门加强对拍卖企业监督管理，建立拍卖企业诚信审查和考核制度，并定期向社会公开考核结果；提高从业人员执业水平与法律意识。而对参与者来说，参加拍场前也必须先树立起牢固的风险防范意识。虽然表面上看，各类艺术品的年化投资回报率既稳定又可观，但一旦买到赝品或真品在被爆炒后入手，则依然会面临亏损或长期无法出手的尴尬境地。另外，假如自身对拍卖行业并不十分了解，那最好在值得信赖的专家的指导下竞拍，或是找实力雄厚、市场口碑好、专业性强的拍卖公司购买。

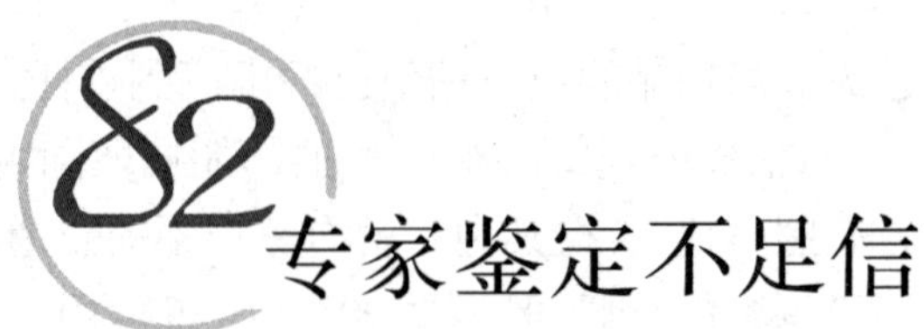

82 专家鉴定不足信

由于艺术品及拍卖行业整体高速发展带来的一些乱象，加上艺术品鉴定本身的不确定性和特殊性，使得所谓的专家鉴定、专业认证都存在一定比例的出错或作假。所以，切忌盲目听信某个专家的“一面之词”。

案例

南京的杜先生是一名古玩收藏爱好者。他在某拍卖行的2012春拍图录上相中了一只拍卖底价为6万至8万元的“清·翠玉镯”。在向拍卖行表示了竞拍意愿后，对方主动地为杜先生安排了看货会。此外，拍卖行经理还向杜先生表示，届时除会安排工作人员陪同看货外，还将邀请国家级的珠宝质检师现场坐镇，如其对拍品质量存疑，可直接向专家求证。

看货会当天，杜先生果然见到了那位号称拥有30余年翡翠鉴定经验的“国家级大师”。出于对该专家现场作出的“玉质晶莹、鲜翠欲滴，属A级翡翠”的绝对信赖，杜先生经多轮竞争，最终以12万元夺标。但当杜先生将拍得的这件玉镯自行送检后得到的却是意想不到的“噩耗”，因为根据珠宝鉴定中心出具的鉴定证书显示，这件专家口中所谓的清代“古董翡翠”并非A级古玉，而是经充胶和着色加工的处理品，实为业内俗称的“B+C”货。

分析

由于普通收藏爱好者对艺术品的爱好大多出于兴趣，一般均非相关鉴定专业的“科班出身”。因此，拥有耀眼光环的“专家意见”往往成为了杜先生等大多数收藏者判断拍品真伪及价值的重要参考。但游走于各大拍卖行和古玩城的专家们究竟靠不靠谱？答案或许并不乐观。

事实上，艺术品鉴定是一项技术含量极高的工作，涉及考古、历史、物理、化学、生物等等诸多学科，文理汇通，博大精深。照常理来说，能胜任如此高要求工作的人才应该较为稀缺。但据统计，我国目前各类艺术品鉴定机构高达数百家，鉴定师、“专家”更是满天飞。其中，相当一部分的所谓专家缺乏扎实的鉴定基本功，只是略懂皮毛。更有甚者，只依靠速成培训班几日混得的一纸证书，便开始自称鉴定家出来敛财。据业内人士透露，如今国内艺术品鉴定市场存在的利益链条早已是公开的“秘密”：只要给出鉴定费，200元的普通瓷器就能“变身”价值20多万元以上的光绪仿品，“身价”一翻就是上千倍。如果需要开具认证，只要舍得交钱，写成上百万元的“康熙官窑”都不是问题。由此可见，国内部分“鉴定大师”的专业能力、职业道德以及所谓认证证书的“含金量”是多么令人担忧。

而即便撇开这些滥竽充数的“专家”不说，业内权威的“泰斗级”大师有时也会“看走眼”。几年前，数位国内知名专家为某公司老总自制的“金缕玉衣”开出24亿元估价，老总据此骗贷10亿元的新闻便是一例。考虑到艺术品及拍卖行业高速发展中存在的种种不规范的乱象以及艺术品鉴定本身的不确定性，广大艺术品收藏与投资爱好者在竞拍时应当谨慎思考，切忌在拍卖前盲目轻信挂着各种名号的专家大师。

点评

艺术品的真伪和价值是一个讨论不完的话题，专家的鉴定只是一种学识上的意见，并不能作为百分之百的结论，任何专家鉴定、专业认证都存在一定比例的出错或作假。广大收藏和投资爱好者在购买艺术品时应尽量多地通过不同渠道了解拍品的相关信息。而对于艺术品的鉴定，收藏者也应慎之又慎并权衡多方意见，切忌盲目听信拍卖行、拍品关联人或某个专家的“一面之词”。此外，“不信专家信行家”，与在艺术品拍卖市场里“摸爬滚打”多年的老藏客多多切磋交流，听取他们的意见和分析也是一个不错的方法。

83 警惕“洗白”的艺术品

由于艺术品市场造假成风，甚至产生了完整的艺术品造假及“洗白”一条龙链条。通过较为专业的造假，然后一步步进行多重包装和推广，并靠着多次拍卖成交记录来给作品一个“可靠”的证明。面对这样的高级赝品，消费者也要擦亮眼睛。

案例

张老板是一个事业小成的企业家，有了一些闲钱之后也想介入收藏领域，满足自身兴趣和投资的双重需求。于是，他大手笔雇了一支阵容颇为强大的团队来“掌眼”，其中包括鉴定专家、拍卖行老板、资深藏家，等等。在他们的指导下，张老板投入了上千万元，在大小拍卖行中购买了多件“海外回流珍品”、“稀世出土国宝”。

然而没过多久，他就被圈内人告知，其购买的藏品全部为赝品，且大都是所谓的“高仿”作品，这无疑给了张老板一个晴天霹雳般的巨大打击。他最百思不得其解的是，自己买回来的“珍品”，明明都有着清清楚楚的国内外上拍、成交记录和各种鉴定证书，怎么就全是赝品呢？

分析

无独有偶，2012年伦敦春季小拍上，一件断代为清代18～19世纪的雍正斗彩龙凤纹碗定价4 000～6 000英镑，经过十几轮争抢，价格飙升到18万英镑，即180万元人民币才落槌。落槌后还有人说：“这件东西来源好，是英国一个老太太家里流出来的。”买家一下子好似吃了定心丸，却马上被行家指出了此物绝非真品的疑点。可悲的是，谁也无法保证这件作品不会再回流国内拍场，继而拍出一个更高的价格。

其实，不单单是一些所谓的专家学者、鉴定证书缺乏可信度，市场上不少作品的上拍记录、成交价格都有作假的情况存在，而且这种作假往往还并不仅仅是价格虚高这么简单。一些被冠以各种海外回流珍品、地方出土文物、几代传家之宝等华丽名号，且具有多个切实可查的成交记录的拍品，有时候也不见得就“真”了。

业内人士透露，一个成功的艺术品赝品“洗白”的过程，通常是将学术专家、出版社、美术馆体系、市场、拍卖行等捆绑在一起，使每一个环节都能得利。这类高级赝品进入拍卖行则是整个链条的最后一步。随着几次成交记录的出现，无论是自拍自买还是冤大头上当，都会给这些赝品一个“清白家世”，也就方便了日后进一步作假的行为。

圈定目标高仿、虚假宣传造势、展览、多次上拍流转、继续同类操作，这一整条完整的造假流程和利益链构成了集团化、规模化的操作。近年来，这些造假分子还利用藏家们普遍“崇洋媚外”的心理，通过将作品送到海外上拍再回流的操作给赝品披上一层迷人的外衣，让不明所以的投资者吃了“药”还不自知。

点评

高级赝品之所以长期存在，就是因为即使东窗事发，也往往难有定论，不会有什么实质性的惩罚或损失。而一件作品消失几年之后再改头换面重新出现，有时候还能继续让不明真相的藏家上当。另外，拍卖行还被一些不法分子用来倒卖国宝文物、洗钱，这样的拍品更存在着诸多法律风险。

对于消费者而言，面对这样的高级赝品，也不能过分相信其各种华丽的外衣及成交记录，并且避免虚荣心等心理因素的作祟。特别是一些名头很大、通常还有着非常动人的“来历”、“背后故事”的作品更要留个心眼。说到底，如果自己对这一门类知之甚少，就别一厢情愿地指望能把各种国宝、稀世珍品一件件搬回家了。

84 拍到假货难维权

长期以来，国内艺术品拍卖市场一直有着“拍卖不保真”的“霸王行规”，拍卖行对成交商品的真伪概不负责，消费者在拍到假货之后往往很难维权，只能自认倒霉。由此长期以来，这一行业“潜规则”也受到了社会各方的诟病。

案例

2005 年 12 月，爱好书画的李先生参加了天津某拍卖公司组织的一场书画精品拍卖会。在拍卖过程中，李先生总共花费 13 万多元竞得 19 幅书画作品，这些书画作品包括贾广健的《花鸟图》、《荷塘双鸭》，杜滋龄的《春雪融融》，何家英的《人物》，以及孙其峰、霍春阳等名家的作品。

在夺标后的欣赏品鉴中，李先生无意间发现自己拍得的几幅作品在细节上存在一定问题。于是，他逐一找到了这些作品的创作人及家属进行鉴别，结果让他大为震惊。原来，在其所购入的 19 幅画作中居然有 16 幅(总计价值 103 700 元)画作疑似赝品。李先生遂与拍卖行进行了多次交涉，但拍卖行却以“拍卖不保真”、“已事先向竞拍者告知风险”以及“创作人或家属鉴定存在弊端”为由拒绝承担任何责任。

分析

近年来，类似李先生这样因竞买人在拍卖中拍得假货而与拍卖行发生纠纷的案例时有发生，但最终维权成功的却是寥寥无几。据了解，与国外拍卖行相比，国内拍卖行对于拍品的鉴定和把关通常并不严谨，因而消费者买到赝品的几率着实不低。而部分业内人士更是直接爆料说：“一流拍卖行的拍品也可能存在 30%左右的赝品，二流、三流拍卖行‘全军覆没’也不奇怪。”

明明是收了费用做买卖，为什么拍卖行却可以对成交商品的真伪概不负责？原来，在这一系列乱象的背后，拍卖公司都靠一道“不保真”的“免死金牌”撑腰：自 1996 年开始施行的《拍卖法》在第六十一条第二款中规定“拍卖人、委托人在拍卖前声明不能保证拍卖标的真伪或品质的，不承担瑕疵担保责任”。据此，几乎所有的拍卖公司都会在《竞买人登记表》或其他协议文件中做出类似“竞买人自行审视拍品，本公司所提供的拍品文字数据等仅供参考，对拍品真伪及其质量不承担瑕疵担保责任”的免责声明。而一旦有了“免责条款”护驾，即使拍卖行因疏于管理甚至明知故犯地拍售赝品，成交后才发现瑕疵的竞拍人也很难维权，现实中的此类诉讼也多以消费者败诉告终。

点评

在我国的艺术品拍卖交易活动中，拍卖人对拍品的瑕疵担保责任明显弱于一般的买卖合同交易，而竞买人或买受人对拍品瑕疵的查验义务则明显重于一般的买卖合同交易。但在西方，拍卖行虽然同样不百分百“保真”，但会在艺术品征集、鉴定审核以及艺术品的来历及流传严格把关、逐一考证，而故意拍假、假拍也需承担严重的连带责任，因此很少出现赝品。

应该说，国内有关艺术品拍卖的法律及道德机制尚不成熟，而投资者规避风险的最好方式还是选择类似“苏富比”、“佳士得”这样口碑过硬的国际公司。这样的上市公司对拍品的把控一般非常严格，如竞拍者对拍品提出质疑，拍卖行在顾忌自身信誉及整体股价等因素的情况下一般会较为严谨地作出反馈，只要竞拍者能在一年之内举证拍品确系赝品的，就一定会得到较为妥善的处理。当然，投资者自身也应充分了解艺术品交易特点，在拍卖前的预展中尽可能地多了解拍品，在竞拍过程中合理地预判风险，作出理性选择。

85 小拍卖行乱象多

在艺术品拍卖市场中，许多快速成立的小公司往往目标明确：在短期内“大捞一笔”，做一锤子买卖。这类公司一般通过收取大量图录费、高昂佣金以及知假拍假等手段，蒙蔽经验不足的艺术品买家和艺术品卖家。

案例

家住北京朝阳区的王先生是一位集邮爱好者，2013 年 10 月，在邮币卡交易市场“淘宝”的他遇到了一位自称是“北京龙翔拍卖”的徐姓工作人员。该男子表示其所在的拍卖公司即将举办大型拍卖会并询问王先生家中是否有藏品可参加拍卖。抱着好玩的心态，王先生当即出示了自己随身携带的集邮册。徐某在像模像样地观察了几番后便将王先生带至设在市场内的“龙翔鉴宝处”，一位 60 多岁的“龙翔鉴宝专家”言之凿凿地告知王先生，其所持有的邮票中有 20 张为稀缺珍品，不仅绝对不会流拍而且每张的拍卖价至少可达 2 万元以上。

藏品的价值一下子翻了近百倍，这让王先生喜出望外，立即决定参加拍卖活动。商谈具体合同时，徐某提出邮票拍卖前需预先支付相关的拍摄图录费用以及1%的服务费用。参会心切的王先生没有迟疑，马上按对方要求为 20 张邮票支付了 1 万元的图录宣传费以及 4 000 元基础服务费。然而，在随后举行的“大型”拍卖会上，王先生的“抢手邮票”却并未被人相中，且当天的拍卖场面十分冷清，当时在“鉴宝处”和王先生一起欣然付费的其他几位藏友也无任何一件“宝贝”成交。同时，现场还充斥着许多外行人也能看出破绽的粗糙赝品参与“拍卖”。此时，要求退款无门的王先生才明白自己从一开始就掉进了这家无名拍卖行的圈套。

分析

由于现阶段在我国成立拍卖公司的门槛较低，因此一些本不具备成立拍卖公司条件及资质的小团体很容易就能搭起空架子滥竽充数。两三个人合资随便注册一个公司，租一间办公室，设几部电话，请几个挂名专家就搞起了艺术品拍卖。事实上，这些小拍公司通常缺乏必要的职业道德和鉴定能力，在征集拍品的过程中，这些公司常常通过“钓鱼”的方式吸引卖家，而无论卖家所持的藏品是真是假，拍卖行都会故意“忽悠”着评估出一个很高的起价，以此骗取“图录费”、基础服务费以及作品保险费等等名目繁多的预付费用。随后，再将这些基本不可能成交的后续流程走完便算“大功告成”。

记者粗略算了一笔账，一个小拍公司如果征集200件拍品，按照他们的“行规”，其收取的图录费、服务费就可达几十万元。即使扣除租用三星级宾馆用作预展和拍卖的10万元左右的成本，在拍品全部流拍的情况下，也能有数十万元的利润。有些小拍公司甚至还会制订一些诸如“即使拍品流拍，依然按照标的费抽取佣金”之类的霸王条款，肆无忌惮地“抢钱”。对于这些小拍公司来说，无论是利用艺术品买家与卖家的经验不足及贪财心态骗取“服务费”，还是利用行业潜规则来知假卖假，以假拍、拍假来获取高额利润几乎已经成为了心照不宣的“潜规则”。因为这些迅速成立的小拍行原本就将目标定位在“短期内大捞一笔，做一锤子买卖”之上。等到参与者和监管部门事后察觉，这些小公司不是换了东家和名字，就是早已人去楼空。

点评

一般而言，拍卖公司确实有收取图录费的规定，但正规拍卖企业从无1%的图录费之说，最多收几十元到几百元的图录费，而佣金更是只有在成功交易的前提下才需支付。所有事先收取高昂服务费或图录费的都是不正规的公司。参与拍卖的收藏者需要摆正心态，切忌因“一夜暴富”的贪心埋下吃亏上当的种子。而投资者则应该慎重地考察拍卖行的资质，不要贸然选择无名的小型拍卖行，以避免不必要的风险。

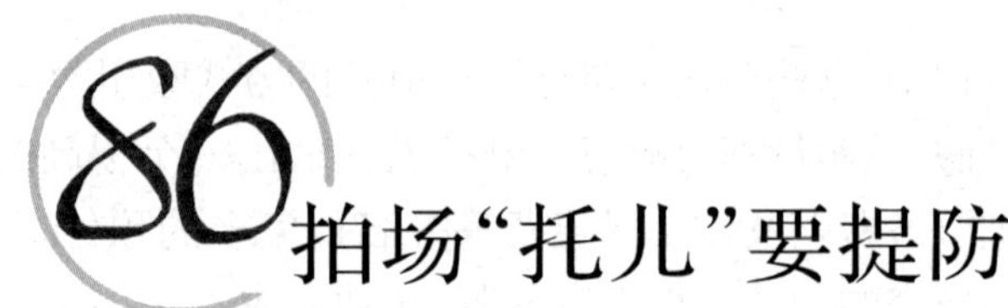

86 拍场"托儿"要提防

"托儿"本是北方方言，指市场买卖过程中，与卖家串通合谋在旁诱导买家上当的人。在拍卖领域，也时常能见到"托儿"的身影，需要引起投资者格外注意，千万不要在不知不觉中上当受骗。

案例

本打算参加2013年上海艺术品春拍会的收藏家汪先生考虑再三还是决定放弃了，原来在2012年参加的一次艺术品拍卖会上，他看中的一件清代紫砂壶，经过多次举牌竞拍，竞拍价从4万元一路飙升到20多万元，远远超过汪先生的心理承受范围。扫兴之余，张先生也觉得纳闷：这个壶怎么能被拍到这么高的价钱呢？

后来他从圈内的朋友那里得知，原来当天拍卖会现场的热闹气氛是拍卖公司事先策划的，与他竞相举牌的有好几个都是拍卖行安插在"群众"中的"托儿"。根据拍卖行的指示，一旦像王先生这样的真正拍家上钩，并在多轮竞价后使拍品的价格跃上拍卖行内定的"最低成交价"时，"托儿"们才会放手。了解了内幕后，汪先生庆幸自己当初没有坚持到最后，而那个最终花20多万元买下这个紫砂壶的投资者则成了可怜的"冤大头"。

分析

在拍卖过程中，时常能见到托儿的身影。一般"托儿"在拍场有三种作用，一个是像上述案例所说的哄抬价格，好让不明就里的"冤大头"接手；二是当拍场人气低迷、乏人问津时，为防止拍品流拍或以过低价格成交，就由"托儿"拍下，充当最后保险人的作用，以保护拍品；第三种情况的水平更高，整个拍卖流程就是他们表演自卖自拍的舞台，拍卖会的唯一作用就是通过虚假成交让拍品所谓的市场价更高。这在许多现当代艺术家的画作拍卖领域尤其明显。有时，这类"托儿"的工作会由拍卖公司花钱雇人去充当，有时甚至会出现拍品所有人自己或亲戚朋友坐在台下直接充当“托儿”的情况。对拍卖行来说，这样的行为既吸引了人气，又能保证成交以赚取佣金，自然是乐见其成。

点评

因为连续几年在春晚上配合刘谦表演魔术，如今董卿成了全国最知名的“托儿”。然而在波谲云诡、水深难测的拍卖市场中，绝大多数的“托”都潜藏在暗处，很难被识别出来。之所以拍场“托儿”屡屡能够得手，就是因为在这个买卖双方信息强烈不对称的市场，拍卖品的供求关系很容易造假，而真正的艺术品藏家和投资者又很难识别。这就要求投资者在进入拍场这个特殊领域时，千万不能继续抱着“市场不会说谎”、“市场人气高一定升值潜力大”等传统投资思维，否则很可能会栽大跟头。

想要识破拍场“托儿”的伎俩，归根到底还是要先练好“内功”。学习巴菲特“不懂不买，不熟不拍”的投资原则，在进入拍卖会之前，先多花时间学习自己感兴趣的拍品的背景知识，了解市场的真实行情，做到心里有数。一旦拍卖会开始，更不要抱着“XX拍品，舍我其谁”的架势，千万不要把“托儿”的表演当回事，一定要理性衡量拍品价值，切勿跟风冲动举牌。归根结底，拍品自身的内在价值才是最重要的。

另一方面，对于那些跟拍卖行私下合谋妄图坑蒙买家的拍品出卖人，在此也要严正提醒你们这么做的法律风险，一方面，这类行为很可能会触犯法律；另一方面，拍卖行有可能事后翻脸不认人，此前的私下约定很可能不会受到法律的保护，最后落得赔了夫人又折兵的下场。

87 私下交易有风险

私人洽购这样的私下交易业务在国内拍卖行也开始出现。然而，由于市场环境的不成熟，相比公开拍卖，私下交易圈子小、鱼龙混杂，有资金但不懂行的人被带到这一私密交易环境下，被忽悠的几率更高。

案例

李先生是拍卖行里的常客，经常出入北京、上海的各大拍卖行。最近，一个叫作“私人洽购”的新名词引起了他的注意。不同于以往常见的在拍品流拍后由拍卖行促成的私下交易，私人洽购业务可以在非拍卖季由拍卖行私下给买方和卖方牵线搭桥，进而促成一对一的交易。而这种业务已经在国内有所开展，也有相关人士与李先生进行了联系，这让他一下子颇感兴趣。李先生认为，如果可以避开市场的热炒、谈成较低的合适价格，似乎很值得一试。

可是，有朋友却提醒李先生说，私人洽购业务虽然在国外行得通，在国内却面临不少政策和行业规范方面的风险。这也让李先生感到十分犹豫，不知道私人洽购这样的业务究竟是怎样的，该不该尝试。

分析

所谓私人洽购，是指一种拍卖场外的艺术品销售方式。一般特指拍卖行以举办展览、展卖、私下交易等方式，推出艺术品，吸引藏家和投资者参与交易。如有买家对其展品感兴趣，可以通过私下协商的方式购买，而不会通过拍卖场公开竞价。国际上，佳士得和苏富比一直都把私人洽购作为其拍卖业务的补充方式，私人洽购也包含拍品流拍后的私下交易。但在我国国内，由于《拍卖法》没有赋予拍卖企业场下交易的业务范畴，工商部门颁发的拍卖行营业执照一般也不包括非拍卖形式的销售经营。

不过，鉴于国外的成功经验，北京一家拍卖公司还是在2012年新成立了一个贵宾部，听上去似乎是针对VIP客户的服务部门，实际上就是对一些高端客户提供私人洽购服务,推出 365 天非拍卖交易模式的部门。值得注意的是,国家工商行政管理总局在 2013 年 1 月 5 日发布,并将于 3 月 1 日实施的新《拍卖监督管理办法》中,删除了“不经拍卖竞价程序处分拍卖标的”的条文,这意味着“拍卖行只能拍卖不能做普通销售”的原则将可能从政策上有所改变。

然而,关于私人洽购业务的开展仍处在试水阶段,考虑到国内艺术市场和拍卖市场的现状,其风险性、可靠性都存在着众多争议。一方面,拍卖行此种私下交易的方式颇有越俎代庖抢夺一级市场份额的嫌疑,与原本拍卖行公开、透明的基本原则相违背;另一方面,由于相关规定都尚不完善,私人洽购在实际操作中如果遭遇买卖双方的纠纷,也更难受到法律的保护。

点评

应该说,私人洽购业务在国外推行的初衷是好的,对于市场淡季的交易促进起到了一定积极作用。然而,拍卖行终究是一个中间人,其根本意图是要尽可能多地促成交易,无论是在拍卖淡季还是拍品流拍之后。通常而言,对于市场认可度高、受追捧的拍品,拍卖行和委托方都还是会希望拍品尽可能上拍以便拍出高价。而私人洽购的拍品其价值高低、真伪好坏则往往就更需要藏家自行判断了。

所以,对于那些进行私下交易的委托品,投资者就应该认识到其与公开拍卖在整个流程上的多种差异,区分其独特的风险。如果对自己的眼光判断、估价水平缺乏信心,就不要盲目尝试这一与传统拍卖截然不同的模式,更不要将其当成是可以“捡便宜货”的拍卖行为。

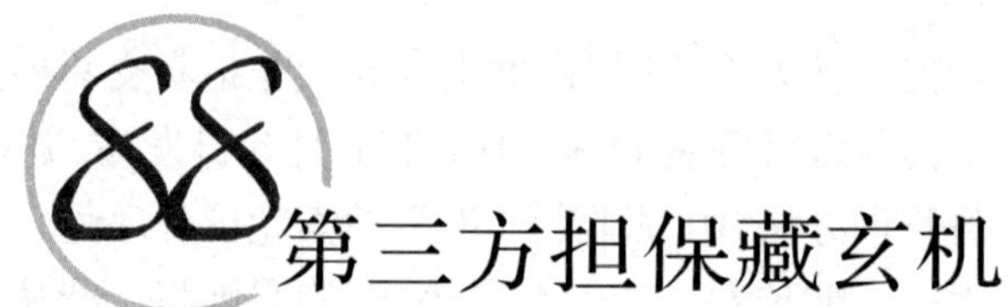

88 第三方担保藏玄机

第三方担保、不可撤回竞价这一类的服务推出，表面上是促进买方、卖方、拍卖方、第三方的四方共赢局面，促进了整体的拍卖交易。但在实际操作中，由于不透明性和信息的不对等，也可能会埋下第三方与拍卖行互通、暗箱操作等隐患。

案例

在艺术品市场闯荡了几年的赵先生心中一直有一个疑惑，那就是关于一些大拍卖行与担保公司所共同推出的“第三方担保”服务。原来，在一次拍卖会的竞拍中，一幅赵先生原本十分心仪的油画因为其价格过高，赵先生思虑再三最终没有出价，而这幅油画的拍卖最终也以流拍告终。

然而，原本只是感到有点遗憾的赵先生却偶然听说，大拍卖行及所谓的担保公司有时会为了背后的诸多利益关联，而通过这类“第三方担保”的做法来故意让拍品流拍。想到最后这件拍品可能正是被第三方担保的公司以低价买走，这让赵先生心中总是有些疙瘩。

分析

在中国香港乃至国际上的一些拍卖会上，细心的人们可以看到拍卖图录上不少拍品旁都会标注微小的符号，以说明这件作品是否由第三方或拍卖行本身进行了担保。原来，如今各拍卖行都会通过一种被称为“第三方担保(third-party guarantee)”或是“不可撤回竞价(irrevocable bid)”的手段来促进艺术市场的繁荣和降低市场的不确定性——即在拍卖前约定将某件作品以最低价格卖给担保方，最后即使这件作品未成交，担保方也将以这个价格买下作品。这样一来，卖家无论拍卖会情况如何都可以获得最低的一份保障，而担保方也通过在成功拍卖后收取溢价的一部分收益来取得盈利，或将流拍的作品买回来之后留待今后再次拍卖获利。

然而即使佳士得、苏富比等知名拍卖行也不得不承认，第三方担保业务体系是存在着一定缺陷的。由于透明性是最基本的底线，但目前一些拍卖行对于第三方担保所担保的保留价及第三方担保人的真实信息都并不提供给公众，因而就埋藏了许多幕后交易、暗箱操作的隐患。一方面，拍卖行对外公布的价格和保证人实际支付的价格可能相左，而保证金的额度还受到第三方的控制，这些第三方又可能和被拍卖的艺术家作品有着千丝万缕的利益关系；另一方面，第三方担保的制度各个拍卖行不尽相同，一些拍卖行允许第三方自己参加拍卖并将拍品买走，同时仍会支付给第三方相应的溢价收益。而这样一来，第三方实际购买此艺术品的价格就与对公众所公布的那个成交价格有一定的出入，这无疑会对艺术品市场价格等方面造成扰乱。

更有人直截了当地指出，从表面看，拍卖行是一个透明的、可见的市场，但事实并非如此。对于艺术品价格的操纵还有许多其他的方式，而这类艺术品保证金只是其中的一部分，因为艺术市场并不是一个纯粹的供给关系的联姻，而是牵扯到了太多的人际关系和利益趋同。考虑到艺术市场的整体状况，很难说第三方担保在实际操作中会有怎样的“玄机”。

点评

第三方担保、不可撤回竞价这一类的服务推出，表面上是促进买方、卖方、拍卖方、第三方的四方共赢局面，促进了整体的拍卖交易。但在实际操作中，由于不透明性和信息的不对等，也很可能会埋下第三方与拍卖行互通、暗箱操作等隐患。

对于藏家来说，一味深究所谓的幕后秘密操作、利益关系是缺乏意义的，但仍需要对可能出现的有损买卖双方利益的暗箱操作有所了解和提防。第三方担保业务近年来的发展更趋向于一种保险业务，其面向的客户也扩大到拍卖行、买家、卖家等多方面。了解清楚各家拍卖行相关的业务规定，避免因为信息不对等而造成利益损失才是最需要普通投资者所关心的。如果感到在拍卖操作中存在有失公允的情况，早点抽身也不失为防止受损的一种方式。

89 委托拍卖须当心

每个消费者心中多多少少都有一种希望“占便宜”的消费心理，在拍卖领域，也存在这么一种常能淘到便宜货的拍卖形式——司法委托拍卖。然而，容易让人占便宜的地方，往往也暗藏着诸多“潜规则”。

案例

由于涉及一起经济纠纷无力还债，高先生的一套房产被当地法院强制拍卖。然而令高先生感到不解的是，他处于市中心繁华地段精装修的90平方米的房子才被拍卖了50万元，比最初设定的拍卖底价低了将近一半。更让他想不通的是，第一次拍卖时，由于法院大幅缩短了公示期限，导致流拍；底价下浮20%后第二次拍卖时又通过大幅提高竞拍门槛和收取高额保证金的方式把许多社会公众客户挡在了门外，再次流拍；底价再度下浮20%后，第三次拍卖时，现场只有两名竞买人参加竞拍，最后房屋被其中一人拍得。而让高先生感到无比愤怒的是，房产交易过户时他得知了拍得自己房产的人的姓名，几经打听后发现这人原来是拍卖行的关系户。

分析

在委托拍卖领域，一般有两种情况，一是法院委托的强制拍卖，另一种是企业(多为银行等金融机构)因债务人无力还债而对其名下资产进行委托拍卖，其中以法院委托拍卖居多。这两类拍卖都具有一定的强制性，即必须尽快出售拍品以套现，而委托拍卖的拍品也不是常见的艺术品、古董等，而是以房屋和汽车等较易估价的商品居多，因此竞拍者很容易在这里淘到物超所值的便宜货。然而由于基层法院委托拍卖机制的不健全，导致一些拍品很容易被人为操控，比如只在拍卖前一天在一个小报的中缝刊登很短一则拍卖公告，以封锁消息，不让社会公众进入竞价，最后以极低的价格把拍品“保送”给关系户。假如有社会公众“意外”拍得拍品，破了“潜规则”，也可能会在交易执行过程中被诸多刁难。

在此，我们呼吁最高人民法院加强司法委托拍卖的监管力度和拍卖透明度，尤其提倡通过网络竞价的交易方式来打破暗箱操作的空间，最大程度发现市场价值，使交易各方的合法权益都能得到有力保障。另一方面，竞买人足不出户就能参与竞买，为普通公众参与司法拍卖提供了最大便利。

点评

尽管司法委托拍卖存在一些猫腻，但随着网络司法拍卖等新型拍卖形式的兴起，将来司法委托拍卖将会越来越规范、透明。2012 年淘宝网已专门开设了司法拍卖平台，投资者想要参与其中，首先要经常关注这类拍卖信息。其次，看到自己感兴趣的拍卖信息后，应与相关拍卖公司咨询联系，了解拍卖房产的有关信息。尤其要了解确定竞拍标的物产权是否清晰。如果有可能，最好亲自去现场看看房屋、汽车等拍品，尤其是房屋拍卖，更要仔细观察房屋结构、面积、装修、周边环境等重要指标。最后，委托拍卖的往往都是金额较大的商品，因此需提前准备充足的资金。买受人在拍卖成交后，需要在法院规定的期限内将价款全部汇入指定账户。如果到期付不了全额款项，那数千甚至数万元的保证金就会被没收了。

另外，对于参与竞拍房屋的竞拍人，还需弄清自己是否符合相应限购政策，如果自己无购房资格，千万不要拍下。

90 拍卖保险理赔难

由于艺术品市场整个的保险、仓储等方面都处在起步阶段，在拍卖行保管藏品期间，难免在运输、存储、安保方面出现这样那样的问题。但是，拍卖行在投保和对买卖双方的损失赔偿上往往都无法落实，造成难以解决的纠纷。

案例

董先生是一位收藏爱好者，一次偶然的机会，他购得了一件青花五彩花觚，并打算在拍卖会上以更高的价格出售。于是，董先生与某拍卖公司签订了拍卖委托合同，合同中约定，他将青花五彩花觚交给拍卖公司在拍卖会上予以拍卖，底价为5.5万元，同时还约定董先生最低有按5.5万元收取拍卖款的权利。

合同签订后，董先生将青花五彩花觚交给拍卖公司，没想到的是，拍卖公司保管不善将青花五彩花觚损坏。由于拍卖公司事先没有投保任何保险，双方在赔偿金额上一直没有谈拢，最终董先生将拍卖公司告上了法庭。

在庭审中，法院首先委托了文物鉴定机构对该物品进行鉴定，证实青花五彩花觚的年代系晚清仿康熙，但对价格并没有给出结论。随后，被告拍卖公司又提出对该物品的价格进行评估。可物价认证中心认为，鉴定标的物因有残损，市场无交易，所以无法鉴定其市场价值。最终，一系列的鉴定未果。

基于上述情况，法院认为，由于拍卖公司保管不善，将拍品损坏，所以应予以赔偿。关于赔偿价格，由于鉴定机构未能对拍品的价格给出结论，所以应参照双方在合同中约定的价格进行赔偿，判决拍卖公司赔偿原告董先生人民币5.5万元，已损坏的青花五彩花觚归被告所有。

分析

表面看来，这是一个再普通不过的诉讼，但其实隐藏了拍卖公司的一个重大“软肋”，即多数拍卖公司并不会对拍品进行投保，对于潜在的风险，比如拍品损坏、遗失等，都必须自担风险。而一旦拍品价值过高，很可能超出拍卖公司的承担能力，出险后利益受损的还是委托人。

事实上，拍卖行业对于艺术品保险的认识长期以来都没有得到很好的解决。目前拍卖企业投保的尚在少数，根据有关报道，截至2013年年底，在总共340家拍卖企业中的44家达标企业中，只有7家企业投保，分别是中国嘉德国际拍卖有限公司、北京保利国际拍卖有限公司、北京匡时国际拍卖有限公司、北京翰海拍卖公司、北京诚轩拍卖有限公司、上海朵云轩拍卖有限公司、广州华艺国际拍卖有限公司。从规模来看，这些公司都是拍卖行业排名靠前的企业，而如此之低的投保比例无疑显示出拍卖行对保险的了解还处于相对初级的阶段。

在艺术品价格不断攀高的当下，从藏家处接收藏品到仓储、各地巡展到最终拍卖，历时可长达半年，这段时期内的风险非常大，但为何相关的保险会如此缺乏呢？究其原因，从保险公司的角度出发，艺术品价值的鉴定本就困难，再加上可能存在的道德风险，所以通常不愿选择小型的拍卖公司承保。而对拍卖公司来说，费率是个不得不考虑的问题，由于艺术品保险费率并非统一规定，需保险公司对风险评估后判定，所以小型拍卖公司难免有所顾忌。

此外，理赔环节的认识不同也影响了该保险的发展。当拍品出险后，若全损无法修复，那么自然是按照投保金额赔付的，但如果可以修复，那么委托拍卖者的态度就会不同，他们通常会希望以拍品价值全无来进行赔付，但保险公司通常不会认同。即便委托人同意修复，由谁来修复，修复到何种程度，修复后估值等都是棘手的问题。所以拍卖公司会觉得，与其花钱买保险，不如多请几个保安、找好点的运输公司。

点评

为保障委托人自身的权益，建议选择比较大型，且投保保险的拍卖公司，特别在拍品价值较高时，稍有损坏经济损失就会十分严重。另外，在实际进行合同及赔偿等约定时还要尽量未雨绸缪，以免一旦出现问题无处申诉。而对拍卖公司来说，眼光也应更长远一些，通过可行有效的方式规避风险，才能获得更多人的信赖。

连锁加盟经理不会告诉你的10个秘密

投资
投资
这项目不错！
前景展望
纸上谈兵

近年来,加盟特许连锁企业成了许多创业者和投资者致富的新途径。可其看似风光无限的表面下,却也暗藏着诸多不为人知的秘密。这次,我们就来告诉你如何识破连锁加盟经理不愿告诉你的那些秘密,为你将来的连锁加盟投资事业保驾护航。

常言道：没有规矩，不成方圆。套用这句话，我们一样可以说：没有秘密，不成行业。虽然世界上不存在没有秘密的行业，但也同样没有不能说的行业秘密。比如，这些年越来越红火的特许连锁加盟行业也充斥着许多“不能说的秘密”。

投资连锁加盟已成创富新机会

6 000 元加盟供水站、10 万元开间奶茶铺店、30 万元可以当上烘焙坊老板……如今在国内许多大城市中，越来越多的普通百姓通过投资连锁加盟项目而成为了名副其实的小老板。而各地接二连三举办的各类连锁（特许）加盟展会上，也正聚集着越来越高的人气。

连锁加盟项目之所以会受到越来越多创业者的青睐，主要是由于加盟经营所需资金有限，投资回报期较短，而加盟总部又有一套成熟的商业模式和培训指导体系，导致连锁加盟创业的成功率比自己单打独斗、“摸着石头过河”高得多。

眼下连锁加盟在中国是个朝阳产业，还处于上升期，中国的内需市场很大，各种创业机会很多。同时，连锁加盟的财富示范效应也吸引着各种人群，比如希望摆脱朝九晚五打工命运的白领，希望先走创业道路的大学毕业生，还有不少仍有余力的中老年人等。当然，资本的嗅觉永远是最灵敏的，由于当前国内投资渠道还很有限，股市只是不断探底却不见反转，限购政策下资金也无法进入楼市，而银行存款、国债以及保守型的理财产品又很难获得令人满意的收益，大量急需较高投资回报的资金便将目光投向了连锁加盟领域。

鱼目混珠暗藏诸多风险

作为一种创业的重要形式，致富的重要手段，连锁加盟行业给许多创业人士提供了很好的致富平台。但看似光鲜亮丽，充满创富奇迹的连锁加盟行业的背后却也充斥着浮躁和短视的行为，整个连锁加盟行业猫腻众多，蕴藏着许多不为人知的秘密。

比如近些年十分流行的“零加盟费”项目，往往是钓鱼式加盟，等你签约加盟后才会发现有许多隐蔽支出等着你，让你进退两难。有些加盟总部则根本无心经营好加盟项目，只是希望借着加盟的幌子来招揽尽可能多的加盟商，在短期内圈到尽可能多的加盟费，对加盟商今后的扶植和管理则几乎为零。更有甚者，招募了一批“招商公司”，由这些招商公司出面极尽所能招揽加盟商，由于这些招商公司的工作人员存在利益驱动，往往会夸大宣传甚至给出不切实际的承诺，而对加盟商的资质则完全没有审核，等到加盟商发现实际情况和当初介绍截然不同时，当初接待他的招商经理则早已不见踪影，无从对质。

与此同时，许多会展公司为了吸引尽可能多的加盟总部参展，也对参展企业"只收钱，不审核"，导致参展企业良莠不齐，鱼目混珠，无意间成为了这类圈钱诈骗公司的帮凶。而更多的连锁加盟广告通过电视、报纸和网络传递给了投资者，这些广告宣传充满诱惑，但实际上很可能是在进行诈骗、传销等不法活动。

即使是那些正规的连锁加盟企业往往也会在浮躁的市场环境中"杀红了眼"，过于追求短期利益而盲目扩张加盟店，导致培训、服务和管理跟不上（有些门店所在城市根本没有加盟总部的驻点，根本无法提供持续服务），最终损害了加盟商和消费者的利益。

事实上，"加盟神话"年年上演，有些以喜剧收场，但大部分却是悲剧收场。如果你在进入这个行业前无法识破这些加盟经理不会告诉你的秘密，那最终迎接你的，很可能不是"黄金万斗"，而是"财去人空"。

创业者要摆正心态

当然，除了要识破加盟总部的各种把戏，创业者自身也应在进入这个行业前对其有一个清醒的认知。因为即便在特许经营最发达的美国，特许经营的失败率也高达45%。这是因为可能导致加盟项目失败的因素很多，有的是市场原因造成的，有的是加盟总部造成的，有的则是加盟者自身原因造成的。当加盟店经营遇到困难时，也应该理性分析，不能不分青红皂白一股脑把责任全部推给加盟总部。说到底，做任何生意都存在风险，哪怕加盟经理把创业前景说得再天花乱坠，创业者心里也应该对项目的风险有一定认知。

此外，连锁加盟项目并非适合所有人投资。一般来说，投资者可分为三类，一类是创业者兼投资者，即自己（或和家人朋友一起）直接经营管理门店，并把这一工作当成自己的事业精心打理。一般来说，这种情况下最容易创业成功，但也意味着创业者需要付出更多的时间和精力，要做好吃苦的准备。第二类是纯粹的投资者，投资加盟店后聘请专职员工进行打理，自己则只要求能按期收回成本，获得收益。由于是间接管理，这种模式的投资风险比较高，因为加盟商不可能要求加盟总部提供保姆式的全天候服务，假如投资者工作非常繁忙，有时几周甚至一个月都无法到门店看看，对门店经营管理上出现的问题后知后觉，甚至直接当起了甩手掌柜，坐等收钱，那结果等来的很可能是门店的亏损和倒闭。第三类是纯粹的投机者，只求短期内获得较高的投资回报，见风使舵，见好就收，这显然与实业投资的基本理念相违背，最后很可能偷鸡不成蚀把米。

总之，连锁加盟是个知识密集型而非资本密集型的产业，需要投资者付出的不只是金钱，还有心力。

挑选加盟项目七步走

确立了连锁加盟创业的志向后，该如何挑选适合自己的加盟项目呢？

首先，选择自己感兴趣和看得懂的项目。兴趣是最好的老师，人的天性就是会不自觉地去吸收自己感兴趣的事物的各方面信息和知识，这就给创业提供了先天优势，同时对于自己喜欢的项目，投资者也容易花更多的时间和精力去打理，创业成功的概率就会大增。当然，加盟项目的技术难度也不宜太高。难度越高，其中的猫腻就越多，培训时间就越长，创业者不可控的因素就越多，比如美发、眼镜等连锁行业，更适合内部员工创业而不是外部人加盟。

第二，在选择了大的行业方向后，就要具体考察该行业的各家加盟总部中，哪家的经营理念和你的想法最契合，哪家的商业模式最经得起市场考验，哪家的产品和服务的创新研发能力最强，哪家的培训辅导最全面、最深入、最有可能给你提供可持续的帮助。

第三，完成了纸面上的考核筛选后，就要实地走访加盟总部，从加盟总部的门面大小可以看出这家公司的资金实力，从加盟总部人员配备可以看出这家公司的规模，比如号称有上百家门店的加盟总部，如果只有七八名员工，那只有两种可能：要不就是该公司撒谎，要不就是总部给门店的辅导十分有限。

此外，总部接待人员的谈吐、素质、企业文化、部门设置、人员流动率等也都能看出这家公司的管理能力和团队专业化水平。在分工高度专业化的今天，即使公司的品牌名气再大，理念再好，如果没有一整套专业化的团队去执行招商、门店选址、装修施工、物流配送、客户服务、日常运营等各个环节工作，最终项目也很难获得可持续的成功。

第四，考察完总部后，还要考察门店。包括直营店和加盟店，除了加盟总部推荐的样板店，最好再去不同地区甚至不同城市的店面看看，异地加盟是否做得好，最能看出加盟总部的人才和管理实力。

第五，考察加盟总部的过往业绩是否优异。尽管“过往的投资业绩不代表将来”，但过往业绩优异的项目总是比过往业绩糟糕或一片空白的项目在将来有更高的成功概率。

第六，考察加盟项目未来的预期投资回报率有多高，但与上述几点相比，预期投资回报率的绝对值并不是最重要的。

最后，在签订加盟合同时，一定要逐字逐条了解透彻再签约，如有疑问最好请教业内人士或法律专家。尽可能把连锁加盟的创业风险降到最低。

91 热门品牌加盟机会少

许多对连锁加盟感兴趣的投资者常会光顾各大连锁加盟展会，然而却很少能找到市场上最热门的连锁加盟品牌，因为这些品牌压根不需要做品牌宣传和市场推广。

案例

白先生一直对某个熟食类连锁加盟品牌感兴趣，自己也是这家店的常客，知道这家店品牌知名度高，市场人气旺，然而他跑了多家特许经营展会，却始终看不到这家店的身影。后来白先生经过仔细观察，又看中了一家经营果汁饮品的连锁加盟店，感觉这家店非常有“钱途”，然而同样无法在展会上得知这家公司的加盟途径。

后来经过多方打听，白先生终于联系上了这家连锁加盟总部的加盟经理，这才得知，想要加盟他们这家店的加盟商已经排了很长的队伍了，白先生想要加盟他们恐怕还要等上一段时间了。

分析

找什么样的项目加盟最不容易被忽悠呢？最简单的答案就是找那些马路边随处可见，顾客经常排长龙的项目肯定没有错。

可事实上，目前市场上真正口碑、经营双丰收的“常青树”连锁品牌，一类就是经营者为了便于企业管理而采取完全直营模式，拒绝加盟，以防加盟店带来的各种不必要的麻烦，比如85℃和克莉丝汀饼屋，由于已成功实现上市，口袋里“不差钱”，所以这些企业的经营者可以按照自己的资金实力和人员培养速度按部就班进行发展。另一类知名连锁品牌虽然开放了加盟，但资格审查非常严格，一般的投资者和创业者根本入不了他们法眼，比如肯德基、麦当劳这类百年老店。而更多优秀的门槛较低的新兴连锁加盟品牌，投资者必然对其趋之若鹜，当有新门店加盟计划时，往往是现有加盟商的亲戚朋友能够“近水楼台先得月”，抢现金流遭遇危机时，加盟总部为了维持自身运作又不得不通过违约收取其他各种费用的方式来补血，导致门店利润空间进一步萎缩，最终使得整个连锁项目走上恶性循环的不归路。

尤其要注意的是，当某知名加盟品牌大肆宣扬“已进军全国××个大中城市”、“恭喜全国门店数量突破××家”、“热烈祝贺××公司成功上市”、“庆祝第二轮风投×××万注资”等信息时，可能就是拐点信号了。因为无论是上市融资还是风投注资，母公司都必须要在一定时间内通过加速扩张把这些钱用掉，可是管理人才的培养却远远跟不上门店扩张的步伐。好的连锁加盟项目真正缺乏的是“人”而不是“钱”，因为人才的培养无法在短时间内爆发式增长。

点评

做企业最怕的就是盛极而衰之时，处于终端的消费者已有所感觉(服务和产品开始变差)，而企业经营者却不自知，继续盲目乐观地扩充门店。加盟商此时进入，则很可能迎接的是一轮不断下沉的夕阳而非蒸蒸日上的朝阳。所以说加盟商进入的时间点非常重要，从行业经验来说，小于 10 家门店的加盟项目还处于初创期，项目是否能经得起市场考验还存在较大不确定性，此时进入风险较大；门店规模在 50～100 家之间是一个比较好的介入时机；100 家门店规模是个极重要的门槛，当母公司跨上这个台阶时，必须要形成一套比较成熟完整的管理模式，否则在这个基础上继续快速扩张，就很容易遇到人才和管理上的巨大瓶颈。

94 只在小城镇发展的项目风险高

与大城市相比，中小城市的连锁加盟市场还很小，投资者对连锁加盟的认知和风险防范意识也差得多，这就给一些空壳加盟总部提供了可乘之机。所以，那些不敢进入大城市发展的项目其实是很危险的。

案例

曹先生生活在苏北的一个三线城市，一直都有创业当个小老板的梦想。2010年，正巧有一个规模不大的连锁加盟展在当地举行，曹先生前去参观时，被一家美容美发连锁加盟项目吸引了。在该公司加盟专员介绍下，曹先生了解到这家公司是国际知名的美容美发连锁加盟品牌，具有50多年悠久历史，拥有多项美容技术专利，这两年刚刚进入中国市场，正寻求志同道合的加盟商一同发展。为打消曹先生的疑虑，加盟专员还给曹先生看了很多媒体报道和公司近年获得的诸多荣誉证书复印件。曹先生顿时热血沸腾，认定这是一项大有前途的好项目，当场签订了加盟合同，并缴纳了2万元的加盟费。

随后一段时间，这位加盟专员还经常与曹先生联系，帮他一起挑选合适的门店，教他门店的管理和运作方法。然而一个月后，那位加盟专员的电话突然停机了，曹先生按合同上所写的总部地址找过去，也发现本就不大的店面早已是铁将军把门，后来他才意识到这是一场精心策划的骗局，在当地还有好几个人和他一样受骗上当了。

分析

由于近年来连锁加盟投资持续升温，导致有些不法商贩通过成立空壳加盟总部来伺机诈骗加盟商钱财，类似新闻时有耳闻。然而由于大城市的投资者往往见多识广，见多了类似的情况，投资较为理性，通过空壳公司实施诈骗的难度越来越大。然而三、四线城市和小城镇里同样有许多对连锁加盟投资感兴趣，但对其认知还很不足的投资者，这些人往往容易受骗上当。空壳公司常常会打一枪换一个地方，过一段时间换一个项目(公司)，导致受骗者很难追讨损失。

为了能让投资者掏腰包，这些空壳加盟总部往往会编造一个看似很完美的故事。比如为了突出公司身份高贵，特地给公司起个洋名，并冠以“国际”二字，还会编造一段很传奇的公司创业发展史，同时编造很多媒体宣传和荣誉。事实上，内地公司只要在中国香港注册就可以冠以“国际”字样，媒体上发布的广告和软文以及各种名目繁多的荣誉奖励也都是可以花钱买的，甚至自己凭空编造一些媒体报道和所获荣誉也并非难事，毕竟很少有投资者会去查证这些信息的真伪。

点评

目前中国做得比较规范的连锁加盟企业一般都在大中型城市。如果某加盟项目只在三、四线城市有门店，投资者就要特别当心了。反之，如果一个加盟项目总部在遥远的一线城市，而当地（或邻近大中城市）又没有自己的分部或辅导中心，这类加盟项目最好也不要碰。因为加盟总部为了辅导你这个门店所付出的人力成本太过高昂（交通、餐饮、住宿等费用），结果很有可能是加盟总部只给你提供初期的创业指导和进货配送，却无法给你提供持续的经营辅导。

总之，中小城市加盟商在加盟前最好要亲自前往加盟总部、项目直营店和加盟店进行实地考察，了解该公司是否货真价实，该项目又是否具有足够的市场人气。

95 “预期投资回报率”不可靠

有经验的投资者都知道,“预期投资回报率”仅供参考,不可全信,连锁加盟行业也不例外。投资一个项目一定要综合考虑各方面的要素,在此基础上,再进一步作出合理的抉择。

案例

2005年,吴先生在详细了解了中国台湾地区某知名连锁餐饮品牌的加盟细则后,决定在上海嵩山路开设一家该品牌的加盟店。加盟合同签署后,吴先生先后将近300万元资金交与该加盟总部,由总部动用资金,为加盟店办理开业的各类证照、手续,并进行店铺的装修和设备采购。按照约定,该餐饮公司受吴先生委托,派员对加盟店运营进行管理。

但开业后,吴先生连续好几个月被公司告知加盟店“在亏本”。这让吴先生很恼火,因为在该公司的加盟项目宣传单上赫然写着:“预期年投资回报率25%”。当时接待吴先生的加盟经理还说:“毛利80%是没有问题的,正常情况下,3年就可以回本了。”后来吴先生仔细查看加盟店账目才发现装修等重大资金使用上账目不清,预算严重超标,而且如不赶紧追加投资,加盟店将难以为继。由于双方协商不成,加盟总部便撤走了该加盟店中的管理团队,关闭了门店,双方进而对簿公堂。

分析

在购买理财产品时,常会看到宣传资料上用鲜艳的大字写着“预期投资回报率××%”,但在合同里,却会密密麻麻写着一大堆可能导致预期收益无法达成的情况。因此有经验的投资者知道,预期投资回报率仅供参考,不可全信。

投资连锁加盟项目也一样,要实现加盟总部给出的“预期投资回报率”,需要满足许多主客观因素才能实现。比如宏观上整个行业是否处于快速成长期,微观上具体门店的选址是否合理恰当,加盟总部对门店的辅导是否到位,加盟商自己对门店的经营管理又是否尽心尽责，经营期间加盟项目是否被曝出重大负面新闻，门店所在商圈是否出现了道路施工等特殊情况，这些都会影响到门店的经营业绩。

然而出于利益考虑，加盟总部在宣传时往往不会针对具体门店不同的经营规模、不同的商圈环境，提供与真实情况更贴切的营收评估模型，而只会选择宣传理想状态下的盈利水平，可这种盈利目标往往只有极少数门店才可能达到，甚至可能在实际操作过程中没有一家门店能达成。

由此可见，“预期投资回报率”虽然是一个很重要的投资参考因素，但投资者决不能把这个数据太当回事，以至于将来实际经营无法达到这一目标时难以承受。毕竟投资连锁加盟需要综合考量各方面因素，假如有两个投资金额和投资项目都很接近的加盟项目，一个预期投资回报率 40%，但总部的辅导很不给力，处处需要加盟商劳心劳力；另一个预期投资回报率只有 20%，但加盟总部却能给予完善的辅导和帮助，最终究竟哪个投资更容易赚钱呢？答案恐怕是后者。

点评

当加盟商遇到实际经营情况和加盟总部宣传的预期投资回报相差甚远时，往往很难通过法律途径获得赔偿。因为“预期投资回报率”、“保证收益率”等字眼往往只会出现在加盟总部的宣传材料和工作人员的口头承诺上，并不会写进正式的加盟合同中。这是因为加盟总部比加盟商更清楚，任何投资都有风险，与金融投资相比，实业投资不可控的因素更多，许多导致加盟项目回报欠佳甚至亏损的原因并非加盟总部造成的，因此投资者一定要理性投资连锁加盟项目。

96 网上特许经营陷阱多

所谓"连锁加盟新模式"的网络特许经营实际上大多是"网络诈骗新模式",投资者最好远离这类连锁加盟陷阱,不要被虚幻的暴富前景冲昏了头脑。不然,只能是"竹篮子打水——一场空"。

案例

对连锁加盟十分感兴趣的赵先生有一天在网上搜索相关信息时发现了一个网络特许经营的广告:"有很多朋友觉得网络的东西很虚幻,不切实际,可你没有进一步了解又怎么知道是否真实呢?想仅仅投资几百元就能挣到几百万元,你看了会觉得更不切实际,那我想说的是你还不了解几何倍增的原理和能力。你不相信也没关系,如果愿意你也可做进一步了解,至少了解不会让你损失什么吧!如想了解就与我联系!"

在加了网上留下的联系人 QQ 后,网络那头的人又说了:"参与网上连锁经营,可以以小博大。投资 680 元,只要跟着团队指引的方向一步一步走好,比你打工强得多,这不是梦想,也不是传说,仅仅投资 680 元就能赚到你想赚到的财富……"尽管赵先生看到这段话后心存疑虑,但还是抱着试试看的心态继续与对方接触,得知这是一家生化技术公司,称其拥有从动物肝、肺、肠中提取肝素钠、软骨素的专利技术,只需 680 元就可加盟,年利润可达 20 万元。致富心切的赵先生虽然还不是很相信对方,但抱着试试看的心态,他还是先交了 680 元加盟费,对方很快寄来了一堆资料后,又催促他再汇 3 000 元的进货费,赵先生留了个心眼,暂时没有汇。没想到 3 周后,赵先生发现该联系人的 QQ 头像再也没有亮过,电话也始终打不通,骗取加盟费后就人间蒸发了。

分析

随着近年来电子商务的爆炸式增长,通过网络进行特许连锁加盟的新模式也应运而生。

但这种模式从理论上说已不属于国际连锁企业管理协会所认可的连锁加盟

的正规形式(至少要有实体店铺),可以说是打着连锁加盟头衔的全新的销售模式。因为传统连锁加盟模式所谈到的许多概念和模式无法在网络上使用,比如网络上不存在连锁门店选择标准的问题。而网络连锁加盟所适用的法律条款也和一般的电子商务不同,目前国家还没有针对这一经营模式的相关法律规定,存在极大的法律风险。

从目前中国实际情况来看,这种模式存在很大的诈骗空间。比如声称只需很少的投资金额(如几百元),经过团队运作,就能在短期内实现财富的百倍增长。比如声称即使身无分文,只要对此感兴趣,就能加盟;再比如声称即使自己不加盟,能介绍亲戚朋友加盟一样能获得收入。这种所谓"网络特许经营模式"漏洞百出,完全经不起理性推敲,往往是一种变相传销。投资者最好远离这类连锁加盟陷阱,一旦受骗,由于对对方信息掌握十分有限,往往也很难讨回损失。

点评

所谓"加盟连锁新模式"的网络连锁加盟实际上大多是"网络诈骗新模式",正常人很容易就能发现其中的猫腻,怕就怕急于致富的投资者被所谓超高的投资回报所引诱而失去理智,上当受骗。

97 当心假“特许加盟”真“售卖设备”

当加盟总部给出的进货价比市场价还要高时，投资者就要警惕是否遇到假“特许加盟”真“售卖设备”的骗子了。对此，我们还是要留意对相关信息进行多方比较，以便能够识破其中的破绽。

案例

2010年，在北京打工的郑小姐上网时偶然发现了一个可以连锁加盟的“换面鞋”项目（鞋面与鞋底可自行拆装，自由搭配的鞋子），她十分喜爱这种鞋子，并认为这种新型鞋子很受年轻女性欢迎，存在很大的市场潜力，当即与该加盟总部取得了联系。

该项目的加盟经理告诉郑小姐，目前该项目处于市场推广期，可以免除加盟商的加盟费、管理费和培训费，还能按照与成本价相差无几的所谓“加盟价”从公司总部拿货，并且全程享受该公司的指导、培训以及售后服务。郑小姐觉得十分满意，但为了确保安全，郑小姐提出希望前往公司总部或生产基地实地参观，加盟经理却以“公司路远不方便”为由婉拒了。

尽管心存一丝疑虑，但赚钱心切的郑小姐还是很快与该公司签订了加盟合同，并准备把5万元加盟费打进公司账号。签完合同后不久，公司告诉她，每双鞋的进货价是99元。这一价格信息让平日里对服饰鞋帽价格敏感度极强的郑小姐产生了疑虑，于是她马上到市场上了解行情，这才发现一模一样的鞋子市场上每双只卖90元。“我的进货价格比人家的售价还要高，这生意还怎么做？怪不得连加盟费都不要了，原来他们就是在向我高价批发鞋子啊！”幡然醒悟的郑小姐立即终结了与该公司的合作。

分析

目前国内很多加盟项目表面上说是“特许加盟”，实际上这只不过是个美丽的幌子，商家真正的目的是为了高价向加盟商售卖机器、设备、原料等，从中获取利益。

虽然根据我国法律规定，特许经营是指通过签订合同，被特许人将有权使用特许人的商标、商号、经营模式等经营资源，按照合同约定在统一经营体系下从事经营活动，并向特许人支付特许经营费，不包括产品、设备、技术等。然而在实际操作过程中，特许人(加盟总部)往往会以“统一管理”、“统一质量”为由，成为产品、设备、技术、门店装修材料和施工的垄断供应商。然而这些产品和服务的价格往往不会写入加盟合同中，而只会以项目清单的形式呈现给加盟商。一旦事后加盟商发现其中猫腻，也很难以此为证据要求退货或撤销加盟合同，所以签订加盟合同前，一定要问清楚各种设备和产品的价格，并有意识地与市场价格进行比较。

点评

加盟商在选择加盟项目时，最好选择自己喜欢的、有过研究的、对加盟商提供的各项服务和产品的市场价格有一个大致了解的。如果发现相同或相似的机器、设备、产品在市场上的价格要比加盟总部提供的价格低一些，就要好好算算账了；如果价格低很多，就要警惕是否遇到假“特许加盟”真“售卖设备”的骗子了。

98 “样板店”或是“托儿店”

不要以为参观了顾客盈门的“样板店”后就可以放心投资了，因为“样板店”有时是加盟总部故意设下的一个套。所以，多去几家加盟店考察对投资者来说是相当重要的，它可以让你了解到许多真实的情况。

案例

2009年，苏州人汪小姐在一次特许加盟展上被一家经营商业手模(手印)的连锁加盟项目吸引了，这个项目主要针对婴儿和儿童推出手模和脚模纪念品。刚刚生完孩子的汪小姐顿时对这个项目产生了好感。不过由于该项目在国内还处于发展初期，了解的人并不多，价格也不便宜，汪小姐便想去实体店看看市场人气如何。当天下午3点，接待汪小姐的项目经理很热情地将汪小姐和其他几位对该项目感兴趣的投资者送到了一家所谓的“样板店”参观。

该店面位于苏州市中心繁华路段，汪小姐发现，她在店中逗留的半小时内，先后有不下30组客户进店，其中有10多组客户下了单，这种小众化商品能有如此高的人气，大大出乎汪小姐的意料，也坚定了汪小姐决心投资的想法。

然而当汪小姐自己的店铺开起来后，却发现进店浏览的顾客虽然不少，但真正掏钱购买的顾客少之又少。由于门店开在市中心，店面租金很贵，坚持了半年的汪小姐最终只能无奈地选择关店。

分析

有些加盟总部为了吸引加盟商，会告知其自己已开出的样板店多么有人气，并免费送有意加盟的客户前去样板店参观。殊不知，这类所谓“加盟样板店”很可能只是为了吸引加盟商而故意开设的“托儿店”，盈门的“顾客”中有很多就是公司员工或雇来撑场面的“托儿”。不过“托儿”也不可能全天候预备“表演”，为防止加盟考察者“暗访”，有些加盟总部便抱着“舍不得孩子套不着狼”的想法，故意在租金很高、人流很密集的黄金地段开设门店，并且把商品价格压得很低，故意通过不赚钱甚至亏本的方式造成消费者趋之若鹜的景象(常用于奶茶铺等快餐行业),让加盟商误以为这个加盟项目人气很旺。等加盟商上钩后,加盟总部就只顾收取加盟费、管理费,其他事情一概不管了。

为了对付这种情况,投资者除了走访加盟总部主动告知的样板店外,最好再私下随机走访几家其他加盟店。除了可以目测门店客流量外,还能以顾客的身份去体验加盟店的服务和商品,各家门店的服务和产品是否做到了统一标准、无可挑剔,和加盟总部的宣传是否有出入,并且可以通过有技巧地和加盟店工作人员的随意攀谈来获取该加盟项目的真实经营情况。不管是什么连锁加盟项目,直接去门店考察所得到的信息永远比其他任何资料和宣传更加真实可信。

点评

我国法律规定,企业要进行连锁经营,必须要有 20 家店面才能吸引别人加盟,并且还必须保有自己的直营店。因此在考察门店时,投资者一定要注意两点:一是加盟店和直营店之间的产品和服务是否有明显差别,如果差别明显,则意味着该加盟总部对加盟店的支持和管理较薄弱,加盟后恐怕难以达到直营店的经营绩效;二是该加盟总部的门店数量是否达到了法定数量,如未达到(或宣称达到,实际未达到),便说明该公司并不具备开展连锁加盟的资质。

99 加盟合同关键条款语焉不详

加盟合同作为一种格式合同，常常暗藏着不利于加盟商的条款，所以签约前，投资者一定要擦亮眼睛，把合同条款琢磨透，以免陷入合同陷阱。

案例

2012年3月，刘先生根据报纸上的招商广告，与一家婴幼儿用品公司签订了连锁加盟协议。协议规定：刘先生缴纳6 000元加盟费，在合同期内每次累计进货量达到10 000元，该公司返还给刘先生加盟费1 000元，直至加盟费全部返完为止。

刘先生交费后，以加盟的形式开了一家"××儿童用品专卖店"。但经营了将近一年后，刘先生发现经营状况并不理想，便想终止加盟协议。可当刘先生拿着进货单据找到该公司要求按协议返还约定的部分加盟费时，该公司不仅不返还，反而指责他违约在先。刘先生又仔细查看了合同，发现有这么一条："自协议签订日起，如果乙方(刘先生)连续3个月没有补进货物，则视为违约，甲方有权单方面提前终止协议。"

由于该公司提供的货物销路不好，刘先生发现自己最近确实连续3个月没有再补进货物。当刘先生提出合同是该公司事先制订的格式合同，有失公平时，该公司却拿出了协议中的确认事项条款，该条款明确写着："甲、乙双方都一致同意并理解以下确认事项：本合同所有条款是经双方充分协商并共同确认的内容，并非任何一方制定的格式条款。"这下刘先生彻底明白了，自己陷入了对方设置的连环套。但合同白纸黑字摆在那里，就算打官司也赢不了，只能自认倒霉。

分析

由于连锁加盟的经营业态比较复杂，加盟商和加盟总部之间可能会存在这样那样的矛盾，一旦双方矛盾激化，最终只能通过司法途径解决。此时，双方签订的加盟合同就成了最重要的证据。

然而从历来法院判决书看，加盟商与加盟总部的官司中，加盟商最终能胜诉的不到两成，最重要的原因就是加盟总部所做的不实宣传并没有写进合同，或者加盟商在签约前并没有逐条阅读并理解加盟合同的各项条款，导致加盟商无法状告企业违约。

利用格式合同的漏洞来规避自身责任，加重对方义务是许多不规范的加盟总部常用的伎俩。比如加盟者违约时的惩罚条款规定得十分详细，自身违约时的惩罚却只字不提或语焉不详。又如加盟者最关心的预期投资回报率和许多加盟经理的口头承诺一般也不会写入合同中。再如加盟总部应该为加盟商提供的辅导和服务，往往也写得十分简略，且定性不定量，容易引起歧义，进而产生矛盾。有些格式合同条款的规定甚至是违法的，然而大多数加盟商对相关法律不甚了解，加上急于想要创业致富，不知不觉间便签下了“上当契约”，导致今后经营不善，矛盾丛生时维权无门，只能哑巴吃黄连。

点评

在签订加盟合同时，加盟商千万不要轻信和盲从，特别是对方提供的格式合同，必须逐字逐条了解透彻再签约，如有不解之处，应当场与加盟总部进行沟通，表述不清的地方需要及时修正，有条件的应到有关部门进行合同仲裁或找业内人士和法律专家帮助对合同条款进行修订，以免陷入合同陷阱。

100 过高的投资回报率多是忽悠

"投资一月收回成本","投资一年包赚百万元","投资5年回报1 000%"……当投资者听到这种近乎疯狂的宣传时,多半是遇到大忽悠了,因为世界上从没有平白无故天上掉馅饼的美事。

案例

祁先生在电视上看到了某牛肉面连锁加盟项目的招商信息。广告中宣称,在二线城市开一家200平方米的牛肉面加盟店,一次性投资金额只需要50万元,每年房租80万元,但每年的营业额经过评估测算可以达到500万元以上,净利润也可高达200万元。也就是说,初期投资只需要不到一年就能回本了。对比当下的银行存款,投资回报率相差甚远,而股票、黄金等波动大,投资风险高,相比之下,连锁加盟显然是更好的投资选择。

听了这样的宣传,祁先生有些动心了,但转而一想,世界上真有这么容易赚钱的好事吗?于是祁先生便上网仔细搜索有关这家公司的各种信息,这才发现,虽然这家公司的品牌包装和网络宣传也十分到位,但在一些论坛上却能看到许多加盟商抱怨上当受骗的帖子。祁先生大叹了一口气,心想幸好自己没有一时冲动,掏钱投资这类不靠谱的加盟项目。

分析

有些加盟总部为了吸引投资者,通过展会和其他广告形式大肆宣传,大吹特吹加盟该项目只需很短的时间(如1个月或者3个月)就能收回全部投资。然而投资者真正加盟后却发现,加盟总部所说的投资成本只是进货等直接成本甚至仅是加盟费,不包含管理费、门店租押金、营运周转金等各种间接成本,投资者实际需要支付的各种费用远不止签合同时所说的金额。而许多加盟总部事先说得花好稻好的承诺也无法兑现,结果很可能做了两三年后仍未收回成本。

毕竟,连锁加盟是一种实业投资,从投资到产生效益需要一个经营的过程,不比股票、期货可以在很短的时间内实现100%以上的投资回报。如果加盟总部声称其收益率远高于行业平均水平，投资者就需要格外警惕了，因为这种承诺很可能只是令你浮想联翩的空头支票，到头来只是竹篮子打水——一场空。

事实上，短期内获得过高的投资回报率对加盟项目来说可能并非好事，因为过高的投资回报率往往不可持续，却会使经营者盲目乐观而疯狂扩张，导致资金链紧张、商品品质下降等问题的出现。如果真的把连锁项目看成是一项长期事业，就不要太在意短期的投资回报。比如这些年增长势头很旺的全家便利店，在中国内地7年开到300家门店时才刚刚实现盈亏平衡，但这种细水长流的经营模式却为全家的可持续发展奠定了良好的基础。

点评

任何一个连锁加盟项目都有一个发展壮大的过程，不可能一天吃成个大胖子，这就需要连锁加盟的投资者有足够的耐心去经营自己的加盟事业。

一般来说，连锁加盟投资的回本期往往与前期投资的金额呈正比。比如流动式摊贩的前期投资只是一个几千元的小摊车，因此很可能只需要几个月就能回本，但一个前期投资10万～20万元的快餐铺则正常情况下需要2～3年才能收回成本，而那些诸如经营钻石、燕窝、人参等前期投入较大、销售节奏较慢的连锁店，则可能需要更长的投资回收期。